從零開始賺一億

呂原富教你看準時機，錢進房市，資產大翻身！

呂原富◎著

自序

想成為有錢人，
一定要學會的三件事

從小，天天看著爸爸媽媽辛苦的工作。

他們日出而作，但却沒有日落而息。總要到夜幕低垂，巷口昏暗小燈亮起很久後，他們才一身疲累的回家，日復一日，無分寒暑。但我們家的經濟狀況，並沒有比較好。偶爾碰到我要繳學費的時候，爸媽還要跟親朋好友借錢才能支應。

我就覺得很奇怪，難道貧窮是種無法擺脫的宿命？

窮人永遠只能那麼可憐嗎？

十七歲那年，我念到五專二年級，決定不再繼續念下去。第一，我很想幫家裡多賺點錢；第二，我想要怎樣突破這個窮苦看不到未來的家庭框架。

五專肄業後，我第一個工作是進入美髮業。

　　服務了兩年，覺得待這行不是辦法。想想，洗一顆頭才賺一百五十元，做一輩子我也不可能變有錢人。

　　後來踏入酒店業，那個年代，那卡西是很流行的社交場合，有市場就有較好的報酬。我當時也算有一技之長，傳承了我媽媽的彈琴技藝，我可以靠琴藝捧穩我的飯碗。

　　就這樣，我用青春歲月，譜出了十二年的那卡西生涯。

　　從小我就很想賺錢，想到快瘋了那般的想賺錢。

　　我在酒店服務那麼久，也是因為那卡西的收入還不錯。那時我剛退伍，靠著彈琴每月就可以有十幾萬收入。這讓我開始存了一點錢。

　　我心中那股強烈的想賺錢欲望，蠢蠢欲動。我在軍中時讀了一些勵志和理財的書籍，書中告訴我，人不能只靠努力賺錢，一定要靠投資理財才有希望。這些理念讓我心有戚戚焉。所以我退伍開始從事那卡西後，當存款到了五、六十萬，我就迫不及待的做投資。我去標會，加上信用借款等等，湊足了一百多萬將近二百萬。立刻決定進場。

進什麼場？

初期我什麼都不懂，就跟著別人去買股票。結果等了幾個月，股市行情總是不怎麼漲也不怎麼跌。都幾個月過去了，當初投入的資金，仍沒什麼大的變動。

我性子急，想要賺錢啊！這麼慢怎麼可以？

於是我轉到期貨市場。

這回快多了。數字上上下下的波動比較頻繁。

不到一年的期間～我，輸光了我唯一的一百多萬！

我告訴自己，不要被打敗。我又找許多勵志書來研讀。

然而，方法錯誤，再怎麼勵志都無濟於事，只是當時我仍執迷不悟。

我又去借錢，想盡各種方法，向親友借向銀行借刷卡預借現金等等，總之我又籌到一百萬。

然後不到半年，又全都輸光。

聽來不可思議，但當年的我，卻有著一種不氣餒的精神，我還以國父的例子自勉，告訴自己，國父革命都還要十一次，我這樣失敗算得了什麼？

我就不斷這樣借錢，投資失敗；借錢，又投資失敗。

到了我二十九歲時，我已經負債超過一千萬。

那時的境況真的很慘。

一般人想要存到一千萬都已經很難了，我現在不但沒賺到，並且還負債一千萬。

那時，我總算醒了。

有野心，有志氣，那很好。但方法錯了，怎麼努力都沒用。

就好像我的爸媽，他們努力工作，但沒辦法變有錢人；我也是努力投資，結果只讓自己負債累累。

無論如何，就算負債，二十九歲的我，人生還是要過，總不能放棄人生吧！人生總要找到一個新方向，反正我已經夠慘了，不會再比這更慘了。

因緣際會，投入房地產業務工作。才上班第一個月的第四天，我就賺到了二十幾萬。於是我的人生又燃起了希望。

然而，就這樣一年多過去，雖然我的收入，每月仍有一、二十萬，這以上班族來說，已經算很高了。但結果我還是沒能存到錢，日子還是過得苦哈哈，錢右口袋進，左口袋出。

似乎無論我怎麼努力，就是無法變有錢人。

到底怎麼回事？我內心很痛苦。

有一天晚上，我徹夜未眠，坐在床上發瘋般思考我的人生。

我在想，我都那麼會賺錢了，但還是存不到錢，為什麼？因為一大部分錢拿去還債了，剩下的錢用掉還不夠。我的錢，就只是用掉、用光，沒有其他的發展可能性。

相反的，當時我在房地產業認識很多投資客。

那些人，看起來都不用工作，似乎他們最主要的工作就是打電話給我，然後交辦著：

「原富啊！我手上有 100 多萬喔……幫我找一間可以投資的房子吧！」

「原富啊！幫我把房子請設計師整理裝潢一下！」

「原富啊！幫我把房子賣出去吧！」

就只是打打電話，但他們賺的錢遠比我多得多。

一定有什麼關鍵？

一個有關賺錢致富的關鍵。

為何，我那麼努力工作，卻沒辦法像他們一樣存到

很多錢？

為何，窮人都那麼辛苦，卻還是窮人？有錢人那麼輕鬆就可以賺到錢？

從那天起我就改變觀念。

我決定站在和有錢人一樣的高度，學習真正致富的思維。

透過和有錢人學投資，我學到三件事：

一定要學會用錢賺錢！

一定要學會跟銀行借錢，然後再用錢賺錢！

一定要學會投資房地產賺錢！

自從我學到，也做到這三件事，從此，我也開始朝致富之路邁進，終於，我也變成了億萬富翁

這是一本，我用我人生真實經驗教訓，寫就的實戰智慧，我願和所有的讀者朋友分享。

我要分享給讀者如何致富。並且是，如何在短時間內致富。

人生不只需要努力，人生更需要正確的學習。

現在，請跟著我一起學習。

看清時機，掌握機會，幸運之神就會眷顧你！

　　我堅信，要成為有錢人，只要如運動訓練般，多做些金錢的訓練，腦袋植入金錢智慧，打造有錢腦的方法。

　　不動產投資的賺錢機制，就是要懂槓桿操作，配合少許自己的錢，進行交易，可讓財富增加的速度加快。

　　日常生活中，我們經常不知不覺的遵從他人的意見，在投資方面若他人左右，就無法獲勝。

　　凡是隨著潮流進出的投資人，幾乎都無法賺錢，當其他人都不看好時，正是該投資的時候。

　　要進入有錢人的聰明方法，要善用專家團隊。懂得大量運用有能力之人的力量，是成功的一大關鍵。

　　若要在房地產方面投資勝利，需要了解：商品、稅

務、市場、利率……等，僅憑一己之力是無法學習各種知識，不需要什麼都自己摸索，可與專業專家學習。

　　本書的出版，讓您看清時機、掌握機會，缺乏不動產投資的知識與經驗的人，就無法掌握住機會無法有充分的準備，即使幸運女神對著你的微笑，你也將視而不見。

　　藉由本書，讓您都能學到賺錢的訣竅。也期盼呂總能將房地產的投資與專業分享更多的人，幫助更多的人投資致富，實現夢想。

投資天后／國際講師

張秀滿

成功，
總是留給「一定要成功」的人。

「呂總」出書啦！

真心剖白自己一路走來的心路歷程，不吝賜教他成功的祕訣與實戰經驗。希望幫助和他一樣想成功，渴望成功，非成功不可的人。令人感動、讚嘆哪！好樣兒的！他成功，因為他是「一定要成功」的人。這種非要不可的決心和毅力，一定要為他按個讚才行！

人生只有一次，怎能不為自己奮力一搏呢？

話雖如此，總也不能盲目搏鬥啊！一定有甚麼「撇步」能讓人與成功更靠近。首先定位你所謂的成功吧！如果我把成功定位為「完成自己設立的目標」，循著短程目標，中程目標……，由小到大，循序漸進的一步一

步紮紮實實的打下基礎，堅持向目標邁進。那麼成功就顯得容易得多，踏實的多了。

　　每一個人都是有條件成功的。

　　只要了解自己，釐清自己的定位在哪裡，並學會設立實際可行的步驟，確立目標，再加上如「呂總」般的決心與毅力，沒有不能達成的。要相信！只要你方向對了！路對了！事做對了！那麼成功就在眼前了！

　　親愛的朋友！我再說：要相信！

　　生命應許著豐盛。只要站對位置，財富必定隨之而來！

2080 財商俱樂部部落格格主、財經作家

詹益豐

目錄
CONTENTS

自序：想成為有錢人，一定要會的三件事

chapter **1** 基礎觀念篇

創造不可思議的億萬人生

chapter **2** 業務實戰篇

百戰百勝的千萬業績傳奇

目錄
CONTENTS

chapter

1

創造不可思議的
億萬人生

基礎觀念篇

首先，
從找出你的價值開始！

「你知道你價值多少錢嗎？」

在許多場合，我常拋出這個問題，每個人都回答：「我當然是無價的啊！」

但是，其實每個人都是有價值的。

如果，不談理論，不談哲學，只談穩紮穩打的真實面，那麼，請問問自己，價值多少錢？

算法其實很簡單，只要從你的每月或者每年的收入，就可以知道你值多少錢？

「你價值多少，你的收入就是多少！」

這樣說，雖然很殘酷，卻是最實際的。

在成長的路上，我不斷的問自己這個問題。

直到現在，我也時時不忘反省。尤其每到歲末回顧，更不會忘了這個問題。

你，價值多少？

談錢很現實，但事實上就是這樣。老闆願意付錢給你就是你有價值，然後給你一個價格。客戶不願意付你錢，就是覺得你沒有讓他們感到要付錢的價值。

年輕時候，我從事美髮業，我一小時的價格是 150 元；退伍後我在酒店彈琴，每月進帳十多萬，所以我的「價格」提昇了。

但價格變高，我還是依然沒價值。酒店收入雖然夠我生活，卻仍距我心目中「變有錢人」的目標很遠。

後來我想以錢滾錢，創造自己的價值。

花了數年光陰，用盡各種方法籌錢投資，換得的結果是負債上千萬。

　　所以有價格，不一定讓你有價值。月入十多萬，一樣可以是個窮光蛋。

　　於是，我想通了一個事實。

　　你價值多少錢，不只是看你月收入或年收入多少。

　　你價值多少錢，也要看你能夠做到多大的貢獻，以及多大的影響力。

　　存在是因為創造價值！淘汰是因為價值喪失。

　　投資理財只是一種金錢遊戲，或許有的人可以因此變大富豪，但真正的致富，還是要靠「你創造了些什麼」。

　　當我玩金錢遊戲時，我一輸再輸……

　　但是，當我用正確的觀念投資房地產，以幫助所有的人投資房地產致富為初衷，為客戶創造價值時，我成為了億萬富翁。

　　二十九歲那年，我跌到谷底，變成負債累累的失敗

者。

但二十九歲那年，我也投入了影響我一生的事業。靠著自己的奮鬥，到在三十五歲時，存下超過一億元的資產。

我想，這就是這才是我的價值，也就是我之所以可以成為億萬富翁的那個「屬於我」的價值。

這價值是如此的重要，乃至於，即便一無所有，只要我的價值仍在，我就還是可以東山再起。

想想，什麼是你的價值？

什麼價值，可以讓你不論碰到各種重大挫折，仍可以不斷再站起來？

職業無貴賤。

人人都可以創造些什麼。但只有跳脫個人低價格的思維，投入更高格局的價值，人生才能進入致富的境界。

失敗一定有原因，
成功一定有方法

　　二十九歲那年，我重重跌一跤。但我沒有記取教訓。後來又再重跌了一次。

　　民國一百年，那是我投入房地產事業的第七年。那年碰上了奢侈稅風暴，整個房屋買賣，遭逢業界十多年來最冷的寒冬。由於房市交易沒那麼熱絡，我估量著手中資金充足，又把腦筋動到股市期貨上，心想當年是因為資金不足才投資失利，現在夾著億萬金流，應該可以有一番大作為了吧！

　　於是我再一次把資金丟到金融商品，也再一次的慘賠。

　　我又跌到人生谷底，那年的六月，我又輸光所有的

資金，一切又從零開始。

　　但事實證明，失敗一定有原因，成功一定有方法！

　　我會失敗，因為我沒有脫離原本失敗的那個窠臼；我會成功，因為我掌握我致勝的價值。

　　在我三十五歲那年年底，我的資產再度的歸零。

　　三十六歲，我回歸正業，用心打拚，創造我的價值。

　　到了三十八歲時，我又已經是個億萬富翁。

　　直到民國一〇三年底，我擁有四十八棟房子，還有五千四百坪土地。

　　所以，任何一個人，要想創造自己更高的價值，一定要先抓住成功和失敗的關鍵。

　　這個關鍵是什麼呢？

　　對我來說，我失敗的關鍵，在於我不懂期貨，卻依然冥頑不靈想投機致富。

　　而那個致勝的方法，也就是我要和讀者分享的致富祕訣。

　　想想，我在三十八歲前，人生就有兩次從 0 到億萬的經驗。

　　第一次，我二十九歲。我從 0 到億萬富翁，共花了六年的時間。

　　第二次，我在三十五歲又歸 0，但這一次我卻只用了兩年的時間，就讓自己再次成為億萬富翁。

　　為什麼第二次復原時間比第一次快那麼多，速度成長兩倍以上？

　　就因為我掌握了致富的方法。

　　當然，有著過往失敗教訓，我相信我的人生，不會再輕易跌到 0 的慘況。但我卻也有強大的自信，我知道，即便我哪天又得從 0 開始，我還是一樣有辦法可以在最短的時限內，讓自己再次重回億萬的行列。

　　這就好像，1 + 1 一定等於 2，一定有一個「成功方程式」，讓我可以充滿信心的知道自己一定會成功。

　　這個成功方程式是什麼呢？

非常多的人經常問我：「呂總，到底要如何才能成為億萬富翁？」

我可以和你分享很多的致富哲學、賺錢絕竅。但簡單來說，成為億萬富翁只有兩個重點：

第一、你要非常會賺錢！

第二、你要非常會用錢賺錢！

不斷的賺錢＋不斷的用錢賺錢＝億萬人生，這是最簡單的成功方程式。

所有和成功相關的定理、竅門、策略，絕對都是依附在這兩點之下。

如果你只是很會賺錢，但不會投資。那你可以成為億萬富翁，只是會需要比較長的時間打拚奮鬥。

如果你只是很會投資，但不會賺錢。那你也可以成為億萬富翁，只是靠著有限的資金，要成長也需要一段很長時間。

如果你既不會賺錢，又不會投資，那要變成億萬富

翁，就只能依賴橫財，但即便有橫財，又如何代表你自
身的價值呢？

　　失敗一定有原因。

　　成功一定有方法，這個方法，就是這個成功方程式。

出發點決定你的終點

很多人進入一個行業，就是想要賺大錢。

想賺錢，這念頭沒有錯。

但根據我多年的經驗，如果你的出發點，只想追求自身的價格，那就很難創造更大的價值。

我經常看到作業務的朋友，他們作業務念茲在茲的一件事，就是如何讓案子成交，然後拿到高額獎金。

這個想法有錯嗎？

很不幸，當你一心只想成交，讓「自己」賺更多錢。那往往成交率不會那麼高。因為客戶一定早就看出來，你不是真心為他服務，這種事不一定要說出口，有沒有誠意，較敏感的人都會感受得到。

像我做生意想的第一件事，絕對是如何幫助客戶。第二件事，才是自己的獎金。

我所知道的大部分超級業務員，也一定都是服務至上，賺錢，只是服務令人滿意，所自然創造的結果。

我所創立積富房屋的理念，也都是以幫助別人為前提：

一、幫助自備款不足的人，提早完成買屋的夢想；

二、幫助有錢的人，買到心目中想要的房子；

三、幫助所有的客戶，投資房地產致富。

我絕大部分的客戶，都是自備款不足的人，我因幫助他們投資房屋。後來他們因此財富提升了，在此同時，我也累積了更多的財富。

我訂定了立意良善的出發點，其導引的發展，就好像搭捷運，從起站到終點站一般，清楚明確。

在社會上，這樣的案例很多。同樣是餐飲業，為何鼎泰豐那麼的成功，每家分店都大排長龍，還榮列為臺灣文化的代表？因為，如何為客人做到最好的服務，已

經是鼎泰豐的最高信條。同樣是賣雜貨，為何便利商店可以逐步取代傳統商店？也是因為，便利商店的思維，從傳統的如何賣東西給客戶賺錢，進階到如何讓客戶生活更方便。

同樣的道理，我在訓練業務時，也是這種心態。我訓練業務，是先要幫助業務成長。而不是把他們當成賺錢的工具。我幫助業務讓他們可以賺到錢，他們自然會認真工作幫公司賺到錢。

人人都以這樣的角度想事情。

助人助己也就是這樣的意思。

成功的人，
在行動前已經預見成功

我的每一次成功都不是來自僥倖。

當我進入簽約階段，那場景是我早已預習過好幾次的。真正簽約時，我只是照我預想的情境，正式落實而已。

小時候是否參加過舞臺表演？

當年，你們都是即興演出嗎？絕對不是。而是一而再、再而三的排演。

到了現代，許多廠商要去參加重要簡報場合時，同樣也會不斷演練，先在公司內部試講，然後才去客戶那兒做正式報告。

那為何將場景轉到業務場合，我們不這樣做呢？

每次談案子之前，我都採取反推法，把事情往前推算。

＊要讓客戶簽約，必須要先做什麼？

答案是：必須要先學會與客戶溝通。

＊那麼，與客戶溝通之前，必須先準備什麼呢？

答案是：客戶問你的問題，你要能夠答得出來。

如此，一件一件往前推，就是你應該「現在」要做到的事。

所以，沒有例外，每回我都預先在腦海中排演，試著想像客戶會問我什麼問題，也站在客戶角度思考，若他要簽約，心中會有什麼疑慮？

於是，每一次的簽約，當客戶一問問題，我都已經準備好答案。

甚至客戶還沒開口，我就先知道他可能想問的是什麼？

談到後來，不簽約反倒是很奇怪的事，因為我都已經解決掉客戶的疑慮及問題了，客戶只有接受專業的建

議，並且開心的簽約囉！

　　這就是我業績總是頂尖的原因。

　　再以整體業績額來說。

　　我也總是預先想見，我這個月要達到什麼成果，然後總是用反推法。

　　例如我設定我這個月要找到二十客戶。應用反推法，那就是問自己，這二十個客戶怎麼來？然後想想那個流程，客戶為什麼要出現在你面前，因而推導出，我該怎麼登廣告，該怎麼樣做宣傳。每個步驟都預想好了。

　　所以最後，我就真的可以找到二十個客戶。

　　這樣的方式，適用在任何的事。再舉幾個例子：

　　考試想考一百分，那麼往前推是什麼？就是你要每個題目都懂，要每個題目都懂，你必須準備什麼？反推回去就是你的讀書計畫。

　　老闆要你交企畫報告。那你就要想像，當老闆和你交談時，他會問什麼，你會回答什麼？當你模擬的情境

越逼真，你就愈能夠在老闆面前表現滿分。

多年來，我靠著這種「預想」的方法，讓我成為業務高手。

我也不吝將這樣的祕訣分享給所有業務，但知易行難，許多業務還是習慣，遇到客戶時再見招拆招，於是成交率低，也就可以「想像」得到。

後來，我從業務銷售，拓展到講師領域，這是我過往從未接觸的領域。我仍是用「預想」以及「反推」的理論。

兩個月後要開始上臺演講，我就開始想像我站在臺上侃侃而談的樣子。該怎樣講話？該怎樣穿著？該怎樣用肢體語言？我不只想像，還不斷模擬。

在我正式上臺前，我已經模擬了至少兩百次，也就是以反推的方式，我規定自己每月要練習一百次以上。

所以當我正式上臺講話時，我真的可以侃侃而談。

　　那是我第一次上臺演講，開始我的分享講座。

　　但那場演講，其實也是我第兩百零一次的演講，只不過這一次不是在家裡，而是在大講堂上。

　　朋友，你想不想成功？

　　那就請預演你成功的樣子。

　　舞臺已經在未來幫你準備好，但請你今天就準備上臺迎接你的成功。

高潮時享受成就，
低潮時享受人生

　　帶領業務團隊，除了嚴格要求績效，平日也要對他們生活表達關心。

　　做業務工作的人，最常碰見的就是：碰到挫折，然後心情不好。

　　除了表達關懷為他們打氣外，我總是要跟他們一再強調，失敗和挫折是人生的常態。如果我們一遇到一點小挫折就得停下來療傷，那什麼事都做不好。

　　其實不只是業務工作，各行各業都會碰到挫折，連單純的小學生上課每天也會碰到不如意，成人的世界，不論工作家庭人際，碰到不愉快也是家常便飯。

　　我不會一廂情願的勵志說著無關痛癢的，像是什麼

只要努力一定贏。但我相信一句話:「盡人事、聽天命。」
只要肯努力,就有收穫。至於有時候實在努力了,但就
是有非人力所能控制的失敗。那要改變的就是心境。

所謂「危機就是轉機」,也許在人生低潮時,隱藏
著下一個新契機。

我二十九歲的時候,負債千萬,當時心情當然很沮
喪。但我有一個很大的優點,也是我在人生各階段可以
突破的重要特質,那就是我很熱愛學習。

我的信念,在人生高潮時努力衝刺,但碰到低潮時,
正是可以學習反省的最佳時機。

高潮的時候,享受成就;在低潮的時候,享受人生。

所謂享受人生,不是說不要做事,而是要趁這個時
候,保持不斷的學習新的知識。學習最好的方式是上課
＋閱讀＋思考,這也是享受人生的一種。

十九歲那年我就是以學習的心態,積極去探尋各種
新的可能,最後才能擺脫谷底,再站起來。

那也是我人生的一個轉捩點。如果當時我的人生一

直在原來的工作上很順的進行著，那反而我可能就會錯失這樣的學習機會。

　　當時我想學習賺錢，但一開始不知道去哪學習？該找誰學習？於是我就先在身邊朋友中找看有誰很會賺錢。當時我相中的學習目標是一位保險業務員，我看到他很會賺錢，誠心的向他請教，問他如何透過業務工作賺錢。

　　這位朋友，看到我真的有心，介紹我去上一個公司業務培訓「成功課程」。由於我不是保險從業人員，當時為了要聽那堂課，我還特別先投遞履歷，讓自己加入那家公司，然後才有資格去聽課。

　　就是在這樣的機緣，我學習了重要的成功學觀念，並且轉行做業務，朝向億萬富翁之路邁進。

你是想要成功，
還是一定要成功？

現代人偷懶嗎？

我看並不會。

時常看到上班族的朋友，白天工作辛勞，但晚上還要去趕場。趕什麼場呢？原來是去聽各種演講，去上EMBA 企業班，或者上社區大學的課。

其實一般人都懂得要自我進修、多閱讀、讓自己成長。但為何大部分人學了很多，生活卻沒有改善呢？

因為多數人只是「知道」，卻不去真正「行動」。

以我自己為例子。

負債千萬那年，我為了改變人生，於去經由朋友介紹，上了堂成功學的課程。果然，有種醍醐灌頂的刺激，

讓我想要進一步學習實際賺錢的竅門。

於是我不但上課，並且課後還去找那位講師，請他教授我更多成功的絕招。講師便跟我說，現在有一個為期兩天的密集培訓課程，學費要四萬元。當下我跟講師說：「上課沒問題，但重點是我沒錢。」

老師講的一句話，我到現在還銘記在心。

他問我：「你是『想要』成功，還是『一定要』成功？」

我回答：「我當然『一定要』成功。」

老師就說：「那你就要準備錢，你沒錢是你的問題，不是我的問題。」

所謂「想要」，就好比人人都「知道」要賺錢、要成功。

但要具備「一定要」的精神，也就是要「行動」，才能賺錢、才能成功。

那次我和老師談完後，回家就立刻去找親朋好友借錢，但那時我的財務狀況很糟，身邊的人也都知道，我

的朋友也都不是有錢人，結果我連五千元都借不到。但我的心已立下要學成這堂課的志向，最後靠著信用卡預借現金的方式，籌到了那四萬元，上了那堂為期兩天影響我一生的課。

如果當時我就雙手一攤，算了，下次再說吧！那可能以後我就繼續當債奴。

重點不在那堂課多麼重要，而在於心態上，若碰到事情，很容易就放棄了，那就注定只能過著馬馬虎虎的生活。

你是想要成功，還是一定要成功？

我經常問業務這個問題。

我看過的業務人員，沒有幾千位，也有數百人。大家都告訴我，他想要成功。但真正具備「一定要」成功的決心的人很少。

什麼叫「一定要成功」？

我投入業務工作。每天早上八點起來投入銷售戰場，

一直工作到十一二點才休息，這樣的情況已經維持超過十年，直到現在都一樣。

你有做到像我這樣嗎？

如果沒有，就不要問我，為何你無法成功。

有人說，那麼我也花錢上勵志課，就可以成功嗎？

同樣那句話，就算上課，也是具備「一定要」成功決心的人才會成功。

一堂四萬元的課，就可以帶來一生億萬的收入嗎？就像我這樣。

若投入四萬資本就可以換來億萬回饋，那這樣的投資報酬率非常的大，看來人人只要去上課就可以改變人生了。

可惜，人生並沒有那樣簡單。

上課並不一定帶給你致富的結果，上課頂多讓你懂得，如何將原本屬於你內心的渴望，以更具體的以行動方式呈現。

　　成功學教授的不是如何致富，成功學教授的是提醒你積極追求「你心目中定義的成功」。如果你以為自己對於成功的定義就是變成富翁，但那樣的定義並沒有變成強大的「渴望」，那終究你很難變成富翁，也很難達成任何定義下的成功目標。事實上，當年曾和我一起上課的人，我知道大部分人並沒有因此變成億萬富翁。

　　想要，和一定要，都是「要」的一種，但人生結局差了十萬八千里。

如果不成功就會死，你還會停在這裡嗎？

曾經被逼到三天三夜沒錢吃飯的人，給他一個麵包，會當街大啃。

一個站在崩塌懸崖旁邊，退一步就粉身碎骨的人，再怎麼狼狽弄得渾身是傷，也會拚命往前衝。

我們每個人都會碰到不如意，失業、業績不好、或者經濟困難。但仔細想想，你有那種真正迫切的危機意識嗎？還是都是可以撐過去。

我總是不要我撐過去，我總是想像我只要退一步或停止一步就會餓死掉。

所以我沒有退路，只能往前衝。

我認識的許多成功人士，特別是那種曾經貧困潦倒，現在卻成為巨富的人，都會有這樣的經歷。

例如我一個尊敬的業界朋友，人稱農地達人周金樹老師。

他真的是本活字典，任何人和他請教有關土地的法律、信託、專業知識等，他都能清楚解答，對於法條簡直是倒背如流。

我曾請教他，周老師你為何這麼厲害，可以懂那麼多？

他跟我說：「如果你曾經碰到像這樣，若背不起來，就會死的狀況，那你就算再怎麼難，也一定都會背起來。」

當年周老師也是碰到經濟危機，負債到日子已經過不下去了。逼得他只能一往無前，只准成功不許失敗。造就他今天農地達人、稅務達人的地位。

對於追求成功，你有這樣的精神嗎？

今天業績不好，你就想明天再說，明天業績不好，

你就想後天再說。

永遠都為自己找藉口,鋪後路的人,怎麼可能成功?

但如果今天有個死神告訴你,今天業績給我達到一百萬,否則明天凌晨零時就跟人間說再見吧!那你肯定,拚死拚活,一小時當四小時用,也要把業績談下來。

或許有讀者,會覺得這樣的例子,很超現實,實際生活上,還是很難有這種急迫感。

所以,危機意識需要培養。

試著想像一下危機,想像一下,今天你不拚命賺錢,這個月你沒賺大錢,一年一年都沒賺大錢,在年華老去時,你一身是病,又身無分文,痛苦潦倒躺在髒破床鋪上的樣子。

這就是你的未來嗎?你想要這樣的未來嗎?

但你今天不努力,你的未來就是這樣子啊!

不成功不一定會死,但那結果可能比死還糟。

時間一天天過,你再不往前衝,就死定了。

對我來說，危機意識已經是日常思維的一部分。

有人問，你不是已經是億萬富翁了嗎？還怕什麼。

我告訴對方：「億萬富翁也多的是賠光的例子，如果今天我不努力，明天也不努力，連鎖效應，那未來可能崩盤。所以我每天都當作背水一戰，全力衝刺。」

2014 年，我碰到房地產業的不景氣，更是充滿危機意識，想方設法轉型。

我知道要改變，不然公司將無法生存，於是我就用短短兩個月時間，把自己訓練成一個講師，創建新的業務模式，積極開闢新客源。

我一定要成為億萬富翁——這件事沒得商量，沒有後路。

那你呢？

斬斷退路，
才有新出路

　　在成功的路上，許多的時候，唯有置之死地而後生，才能創造新的奇蹟。

　　有句話說：「前有追兵，後無退路。」只有拚命往前廝殺。但所謂往前廝殺，並不是盲目的衝。

　　我人生有兩次投資期貨失敗，慘賠的金額第一次上千萬，第二次更以億萬計。如果只是衝，而沒有規畫，那也只是死得更慘而已。

　　民國 94 年，那時負債高達 1000 多萬，一無所有的我，只能想法賺大錢。於是我積極尋找機會，最後進入房地產。當時因為我沒有退路，於是我轉型當業務，並且逼自己成為業務高手。

民國 100 年，奢侈稅來臨，市場上一片冷清，投資客全部都在觀望，因為沒有退路。所以我被逼得去找出新方法，後來我研究了房地產漲跌的關鍵，及投資房地產的致富密碼，進而找出投資方式，我更大量的買進房屋，賺了更多的錢。

民國 103 年，房地產一片哀號，買賣移轉成交數為歷史第三低，這年大概有五分之一的仲介公司都陸陸續續的關店了，為了讓積富房屋撐住，我沒有退路，只有想方設法規畫新的未來，所以我創辦了億萬富翁訓練機構，只用了兩個月的時間訓練自己，當起了投資課程的專業講師，教導想要學習如何投資房地產賺錢的朋友「如何投資賺錢」，開啟了房仲業的另一種創新模式。

我從來也沒想過自己有一天會成為一名專業的講師，也從來沒想過自己會成為擁有一個超過二百個夥伴的企業家，更沒想過我竟然會擁有億萬的身家。

所以，想要成功，唯有斬斷退路，才會找到新的出路。

多問為什麼，
在轉型中尋找明路

前面提過，當沒有退路時，被逼得轉型，尋找出路。

但怎麼轉型呢？

人生就是逼自己不斷去思考，怎樣過得更好。

我的人生，就是不斷努力，並且，過程中我會不斷思考，如何變得更好。

我的人生，也是好幾次，努力過後，換來的是失敗，甚至慘敗。

從十九歲到二十八歲，我很「努力」做好我的酒店彈琴工作，但我沒有變成富翁。為什麼？

二十九歲前我很「努力」投入期貨，那時也是日思夜想都是期貨，最後的結果是負債千萬。這又是為什麼？

我永遠在思考著「為什麼」，做出結論，並據此採取行動。

當你走在錯誤的路上時，再怎麼努力，也只有錯得更深更遠而已。

這時候就一定要轉型。

很少的人，一開始就走在正確的路上，人的一生，一定是不停的轉換跑道。只不過，大部分的人可能只是從一條不滿意的道路，換成另一條依然不滿意的道路，換來換去，但沒有跳脫舊有的模式。

我的職涯，也是經過幾此轉換，但每次轉換一定帶來大的轉變。並且內心經過真正的思考。

- 十七歲我從中國海專輟學，進入美髮業。這是第一次轉換。

  思考關鍵：我不適合求學，為了謀生必須立刻就業。

- 十九歲我放棄美髮工作，改為投入酒店那卡西彈琴生涯。

思考關鍵：花同樣時間，如何賺到更大的報酬。

- 二十九歲我離開工作十多年的酒店工作，正式進入房地產世界。

思考關鍵：業務，才是真正可以致富的王道。

- 三十二歲我和朋友合夥創立了積富房屋。

思考關鍵：透過組織戰，可以讓事業更蓬勃。

- 三十八歲，建立房地產業首創的一對多模式業務。

思考關鍵：既可以銷售房屋，又可以傳播正確投資
資訊幫助人。

有沒有發現，我每次的轉換，都是重大的轉型？每次我都不停的詢問自己「為什麼」，並且思考出轉型的方法，然後就是行動！

當中，很關鍵的一件事情是：

人生的轉型，一定要和自己的目標契合。

我的目標一直以來都很清楚，就是要賺大錢＋幫助

需要幫助的人。

我不只要賺大錢，並且我的目標有著明確的數字，初始是要賺一千萬還債，之後是要賺更多一千萬，可以幫助更多人。

我的每一次轉型，一定代表著：「我的目標更容易實現。」

因此，任何人，如果你現在事業上碰到瓶頸，你老是不滿意現在的工作。那麼，先不要只感嘆著懷才不遇，也不要老是做一行怨一行。你要先想想：如何轉型，才能與你的目標契合。

假定你的目標和我一樣是變成富翁，並且假定你的目標是年收入一千萬。

那麼，你可以離職，你可以轉換跑道，但你離職的原因，絕對不應該是：「我不喜歡老闆，他交代的工作很難達成。」、「我和同事處不愉快，這環境讓我不開心。」或者「工作太辛苦」、「離家太遠」這類低階的理由；因為，那些理由和你的目標沒有直接關係。

　　當然，你可以用「薪水太少」，或者「將來昇遷機會渺茫」等和你的目標有相關的理由離職。但，如果你轉換跑道後，還是在原來的工作思維模式打轉，頂多薪水多個一兩千元，或者職位由組員變組長。那麼，你的新工作離你所定義的年收入一千萬，仍是遙不可及。

　　這樣的轉職，不具備實質性意義，這樣的轉職，只是再次的浪費你時間。

　　請問，你的人生可以經得起幾次如此無意義的轉換？

　　我自己的人生幾次轉型，都是在經過思考後，朝我的目標更加接近。

神話往往是從笑話開始的，奇蹟往往是由瘋子創造

　　很多時候，人們該害怕的不去怕，卻去怕一些不該怕的事。

　　應該怕的事情是什麼，應該怕的是你的人生沒有未來，應該怕的是你年輕時代不努力，年老了還需為錢所苦。

　　這件事絕對應該怕，因為你現在不努力，這件事「一定會發生」。

　　不應該怕的是什麼？

　　不應該怕邁開腳步，不應該怕迎向挑戰。

　　有的人做業務，跟我說他害怕和陌生人說話；有的人說他有想法，但害怕講出來會被笑。

更多的人，心中有夢想，但害怕「去做」。

以我的專長領域房地產來說，當看到我投資致富。很多朋友跟我說，他們「幾年前」就想投資了，但最後還是停在原點，沒做任何嘗試。

為什麼想做，但最後又不做？

因為「沒有勇氣」？因為「害怕風險」？

多數時候，一群人大家都想到了，但只有一兩個人真的去做。

我就是那個去做的人。

當大家心存觀望的時候，也許我在他們眼中，就像個瘋子，去做他們不敢做的事。

但往往就是這樣的瘋子，後來的成就比他們高很多。

要夢就夢大的，不要怕當瘋子。

當年我負債千萬的時候，我說我要努力還清千萬負債。別人說我是瘋子，怎麼可能什麼都沒有的人可以賺到千萬，但是最後我還清了千萬負債，成為億萬富翁。

當年我成立積富房屋的時候，我說我要讓全桃園的人都知道積富房屋。別人說我是瘋子，因為一開始連 10 個同仁都不到，怎麼可能一瞬間就變大企業。但是現在，我擁有了超過 200 人的團隊。

當上投資客之後，我說我要成為桃園最大最知名的投資客，人家也說我是瘋子，因為我那時還沒有很多錢，但是我現在已經是桃園知名的投資客了。

在我有點小成就之後，我說我要成為億萬富翁，人家也說我是瘋子，因為億萬對一般人來說是天文數字，但是我已經擁有 2 次億萬富翁的經驗了。

這樣的「瘋子」經驗，寫就了我的積富人生，而且仍不斷在寫。

不久前，我告訴所有的人：「我要成為臺灣最知名的投資房地產專業講師。」有人聽到了，回應說：「你是瘋子喔！這麼難走的一條路，你怎麼會成功？」

但實際上，我現在已經在開始講課了，並且擁有了幾百個學員……

　　所以，神話往往是從笑話開始，奇蹟往往是由瘋子創造的。

　　你的目標如果沒有辦法讓別人取笑你，覺得你瘋了，那麼就是你的目標不夠偉大。

　　目標不夠偉大，那麼奇蹟也永遠都不會發生在你身上了。

　　改變以前的思維，改變以前的觀念，你的收入就會跟以前不一樣。

你要當那個
注定不成功的人嗎？

　　人人都想要成功賺大錢？但最後進入人生勝利組的人總是少數。

　　是因為資訊封閉，資源不公嗎？

　　但其實，在現代民主社會，人人都可以獲取理財資訊，不論富人窮人，我們面對的環境挑戰，以及商業機會是一樣的。

　　我能夠成為億萬富翁，並不是因為我比你們多掌握什麼特殊管道。

　　那麼，是因為天生資質嗎？有的人天生就是會變成富人？

　　這點我更是不認同，我本身是窮苦人家出身，而我

看過的富人，來自各式各樣的出身背景，學歷也是萬般都有，各種條件的人，都可以成為富人。

那麼為何許多人不成功呢？

我發現，不成功，簡單來說，只有兩種解釋。

第一種是不知道的人。許多人不知道成功是有方法的，不知道成功是可以透過學習、看書、思考、模仿成功人士，以及透過專業人士等達到成功。這種人本來不知道，一旦知道了，就有機會可以成功。

第二種是不相信的人。這一種人只相信舊有的觀念，不知道社會已經在改變了，不相信世界上會有這麼好的事降臨在他的身上，總覺得別人會成功都是運氣好，總覺得別人對他好，是有企圖的。

這一種人基本上是不可能賺大錢，因為心是自己最大的敵人。自己這關過不了，誰都幫不了。

對於成功，你是不知道？還是不相信呢？

為什麼看別人投資都很容易賺到錢？而一般人卻賺不到錢呢？

巴菲特的投資心法也很簡單，但是為何一般人總是做不到呢？他不就是那幾個重點嗎，我總結了幾個窮人與成功者的投資心法重點：

⊙耐心

窮人都是沒耐心的人，總想一夜致富，最好是今天投資，下個月就可以獲利一倍出場，投資一項商品，至少要投資 1 年以上的時間，才會有一段獲利產生。尤其是房地產，沒有放個 1 ～ 2 年怎麼可能會又大獲利呢？巴菲特投資一個好的企業，都至少以 5 年為一個基準，甚至有投資超過 20 年的公司（可口可樂公司），我投資房地產這麼多年，我覺得投資 2 年以上的獲利，是相對比較好的。

⊙趨勢

　　窮人看不懂趨勢，總覺得不管何時都太高了，不敢下手。有一天，有一個記者問台積電張忠謀董事長，請問台積電已經這麼高了，還可以買嗎？張董說：「我70塊也買，80塊也買，92塊也買，107塊也買，現在漲到123塊了。」那桃園的房地產未來的趨勢呢？當然是漲啊，未來有捷運綠線預計110年完工，桃園航空城的經濟及建設的利多，豈有不漲的道理。

⊙看不出產品的價值

　　總想買最低的價格，專業的人士已經拿出正確的數據，說明了未來的趨勢，以及目前的價格已經低於它的價值了，窮人會不相信專業人士的話，永遠只想買比低價在更低價，所以窮人不太容易買到有價值的產品，成功的投資者，他會以最快的速度去了解，然後作出判斷，如果產品目前的價格已經低於它的價值了，不用考慮，直接買進，所以房地產的專業投資客，總是比一般客的出手都還快，總是投資客在賺大錢，而窮人只能看著有

錢的人賺更多的錢。

⊙失敗的永遠都不相信成功的人

　　窮人永遠都認為，有錢的人投資成功是因為運氣比較好，而窮人自己的運氣比較差。當然不是這樣的，你覺得，比爾蓋茲會一直是世界首富，是他的運氣比較好嗎？巴菲特投資超過 50 年，身價超過 500 億美金，是運氣比較好嗎？成功人士永遠都已經想好最壞的打算，做好計畫了，以房地產來說，最差的狀況就是，萬一投資沒賣掉，就租掉啊！當一個包租公包租婆～請別人來幫你繳房貸，那不也是一件很棒的結果嗎？最好的狀況就是，買來出租 2 年，2 年後獲利售出，繼續轉投資，所以相信成功人士的方法及做法，你也有可能會成為成功人士的。

善用潛意識的力量

成功需要導師嗎？

有沒有人可以每天耳提面命，提醒自己要努力再努力？

有的，那個人就是你自己。

引領我不斷想要變成億萬富翁的，不是什麼致富寶典祕笈。

而是源自我自己內心那股朝夕不滅的強大渴望。

我能夠致富的關鍵，就在於內心不斷的思考，並且將這樣的渴望，化為一種行動的熱誠。

我想要致富，想要變成大富翁。這個信念是如此的

強大，我已經養成一個習慣，每天早中晚，一定會默念至少十次：

「我要變成千萬富翁，還清所有債務！」

「我要變成千萬富翁，還清所有債務！」

近十年來，在臺灣乃至於全世界，有一本影響力始終不衰的書，名字叫《祕密》，這本書一直強調，當你將全部心念，投注在一件事上，那整個宇宙都會呼應你的需求。

至少我本人就在應證這樣的理念，我從二十九歲起，因為龐大的負債，帶給我很大的困擾。我極力想要還清這千萬負債，不只要還債，我還要變成大富翁，擺脫人生永遠感覺錢不夠的困境。所以我會日日念著：

「我要變成千萬富翁，還清所有債務！」當這個念頭一直在我腦中盤旋時，就算想要偷懶或睡個午覺，不但睡不著，還會立刻爬起來鞭策自己前進。

到了三十多歲，我已經是億萬富翁，後來債務也還

清。但我還是持續著每天早中晚，默念十次以上：「我
要變成億萬富翁，幫助更多的人！」

　　強大的渴望，加上每天具體的行動，我終於可以朝
我的目標，成為億萬富翁邁進。

　　這就是運用潛意識的力量。

　　很多的人不相信潛意識的力量，當我還年輕時候，
還尚未成功前，我也是對潛意識有所質疑的，想說怎麼
可能把目標寫下來，放在每天看的到的地方，然後早晚
各唸十次，目標就會達成，不過從我開始照著做之後，
奇蹟就發生了。

　　宇宙的磁場是很可怕的，它會聽到你的呼喚，磁場
會運用吸引力法則，吸引到要幫助你達成目標的人。

　　在我剛剛進入房地產，還負債 1000 多萬的時候，
我的目標是還掉 1000 多萬。我每天都跟自己說：「不
可以偷懶，不可以懈怠，因為我要還掉 1000 多萬。」
結果奇蹟發生了，我很努力銷售，努力成交，後來就吸
引了一個大客戶，他一共前前後後跟我買賣了 200 多間

房子，佣金收入至少高達 5000 萬以上，不但還清了負債 1000 多萬，還往億萬富翁的目標在前進。

再舉個例子，我最新的目標是，3 年內要當一個超級成功講師，想幫助所有的人成為億萬富翁，但是我沒有演講的經驗，如何成功呢？

這個時候，宇宙的磁場又聽到我的呼喚，吸引力法則，幫我透過理財周刊的洪社長介紹，認識了超級金牌講師張秀滿老師，老師演講的經驗超過幾萬場，所以我想只要張老師願意幫忙我，我也即將要向目標邁進了。

所以潛意識的力量千萬不可小看，跟著我一起這樣做吧！

①把目標寫下來，放在你看的到的地方。

②每天早上起床後，出門前唸 10 次你想達成的目標。

③讓你身邊的所有人知道你的目標，久而久之他們會知道你是認真的，並且幫助你去達成你的目標。

④想偷懶或者鬆懈時，再念 10 次你的目標。

⑤晚上睡覺前再念 10 次你想達成的目標。

這樣子，不用一年，你的目標就可以一一的實現啦。

從勞力賺錢
到以錢滾錢的祕密

　　在我二十九歲以前的大部分人生，都是從事比較單兵作戰的工作。

　　單兵作戰的特色，就是只要靠自己個人的專長，就可以維持生活。

　　我初出社會所從事的美髮工作，每人每次負責照顧一個客人。每個人的月收入，也是依照實際洗的人頭數計算。

　　之後從事那卡西工作，雖然酒店是我的工作場域，但彈琴還是屬於個人技藝。我記得那些個年頭，我每天「上班」十多個小時，從下午四、五點開始，往往要等午夜兩、三點才能離開。但其實真正「工作」時間，可能不到五個小時，大部分時候我都是在一旁待命，要有

人點唱我才上場，也只有那時候才有報酬。

　　二十九歲我加入建設公司，開始擔任業務，雖然公司裡有老闆，我的上頭也有主管，但工作的模式主要還是靠個人業績。公司是不提供底薪的，每月的收入要靠自己打拚。我是個業務高手，靠著做業務每個月有十幾萬的收入沒問題。

　　就這樣我有十多年的歲月，都是靠個人的奮鬥、打拚，賺取自己的生計。一心想要達成億萬富翁的美夢。

　　但後來我終究體會到一件事實：一個人能力再強，也無法照顧到所有的事；就算二十四小時都投入工作，一雙手一張嘴所能創造的業績也非常有限。

　　終於，我了解到若要真正變成富翁，就要突破單兵工作的瓶頸。不再只靠單兵工作而是讓團隊幫你工作；不再靠一個人勞力賺錢，而是讓錢滾錢幫你賺錢。

　　成為億萬富翁的一個重要關鍵：你要非常會投資。

　　投資什麼呢？

第一個是投資會幫你賺錢的商品，第二個是投資人才。

唯有真正做好投資。財富才會有突破性的成長。

我在二十九歲時負債千萬資產變零，到了三十五歲時變成億萬富翁。這六年期間，前兩年靠的主要是業務實力，第三年開始才將主力放在投資。也因此我後來快速致富。

到了三十五歲我第二次歸零，但這回為何我只花了兩年就重新讓自己成為億萬富翁呢？關鍵就在於，我已經掌握了投資的重點。當我的強大業務力，加上讓資金可以倍增的投資力，所以只有短短兩年，我就能再次站起來。

所謂的投資力，就是讓你的資產幫你賺錢。
所謂的投資力，就是讓你的組織幫你賺錢。

依我的經驗，見過那麼多的富人。我的結論，若不

靠投資，一般人是不太可能快速成為有錢人的。除非你
是比爾蓋茲，開創一個新的商業模式，或者是生在臺灣
光復初期的奮鬥青年，可以靠白手起家打造企業帝國。
否則，身在二十一世紀，絕大多數的人，一定要靠投資
才會有錢，一般人就算每月能夠賺一、二十萬元已經算
是高收入的人。但就算是有這麼高的收入，若不懂投資，
也絕無法變成很有錢的人。

　　對於理財投資，經過我多年的經驗實證，投資房地
產是一個保證只漲不跌的好投資。我自己本身也曾投資
股票期貨，多次慘賠，資產燒光。覺得股票和期貨投資，
比較像投機，風險太高，不能單靠股票就想要變億萬富
翁。

　　但房地產不同。投資房地產有許多好處：

**投資房地產最大的好處，就是進可攻退可守，創造
多贏。**

　　當擁有房地產，可以做三種基本用途。並且這三種
用途，可以配合你的需求，隨時轉換。

第一種用途，房屋是**實用的資產**。你可以住在裡面，提供你溫暖安適，你可以用房子傳家，流傳給下一代。

第二種用途，房屋是**理財的好工具**，在臺灣房價的整體走勢一定是往上漲的，不論短中期持有，或者以長期投資眼光規畫。投資房地產都可以為你帶來很大的報酬。

第三種用途，作為**生財工具**出租。若你不打算自住，也不打算出售。房子還可以租人收取月租費。

你再也找不到任何一種理財工具，可以像房子這麼好用。

買股票？股票除了是投資外，本身只是一張紙。

當房價若因景氣不佳等因素不幸下跌，那至少房子還可以讓你住進去。但若股價不幸一路下跌，你也只能望紙興嘆。

臺灣是一個民主社會，基本上政治環境安穩，經濟也有一定規模。隨著政府不斷建設，人民也都希望社會

繁榮，買房子在臺灣，絕對是最佳的投資保障。

並且透過房屋理財，可以讓你加速成為億萬富翁，我自己本身就是最好的例子。

努力，不一定成功；
不努力，一定不會成功

　　經常有業務和我訴苦，他覺得他已經很努力了，但卻還是無法成功。甚至自己找藉口說，那些會成功能夠賺大錢的人，是因為天賦異稟，或是命運安排。

　　我會跟他說，如果你那麼有辦法，可以幫自己的失敗找藉口，幫別人的成功找理由。那為何不反過來，幫自己的成功找理由？

　　成功一定有方法。無關天賦，更不要牽扯命運。

　　你說，你已經努力，但沒有成功。

　　那我要反問，你所謂的努力，真的有「那麼努力」嗎？

　　我每天一大早就起床，抖擻精神全心投入工作，每天從早忙到晚，經常深夜還可以在辦公室找到我。數十

年如一日，努力不輟。

　　你的努力，有做到像我這樣的程度嗎？

　　如果，你反省自己，覺得已經很努力了。雖然不一定達到像我這般全心全意付出的狀態，但至少也每天兢兢業業，刻苦奮鬥。

　　那為何你覺得成功還是遙遙無期呢？

　　那麼關鍵可能就在於你的方向錯誤，以及方法錯誤。

　　努力，不一定成功。關鍵在於三個審核點。假定成功是讓我們由 A 變成 B：

那不成功的原因，有三個可能：

① A 點不對。就好比我說過的，出發點不對，終點也會不對。

②B 點不對。設定的目標錯了，再怎麼努力，最後也是一場空。

③C 路徑不對。這是最常見的情況。

二十九歲之前，我很努力的工作，但總是賺不到錢。

因為我當時的 A 點不對，並且也沒有一個很明確的 B 點。

後來開始當業務，A 點對了，也知道 B 點，但 C 路徑不對，所以我成長很慢。後來我改變了 C 路徑，也就是我懂得的三大賺錢要訣：

一、靠業務賺錢；

二、靠組織賺錢（先是建立團隊，之後創立公司）；

三、靠錢賺錢。

如此，我的起點、終點和路徑都對了。

所以我成了億萬富翁。

那些社會大學教我的事

我的學歷不高，十七歲從專校肄業。但整個社會，都是我的學校，每個人都可以是我的老師。

透過觀察，我發現，要能夠賺大錢的工作只有兩種：一是做業務，二是創業當老闆。

當時的我創業不可能，因為我沒資金，而且當老闆，我也缺少實務經驗。所以兩條路，我只能選擇做業務。

同樣是業務，有的人年收入好幾百萬，也有的人三餐都得靠泡麵裹腹。

進入業務這一行，我最先要做的，就是察言觀色，了解那些年收入百萬的人是怎麼做到的。

初始沒有人教我，我就只能自己邊觀摩邊學習。那

年代對於新進的房地產從業人員，一般都從貼廣告這樣的工作做起，當主管帶人看房子時，我就跟在旁邊學習他的話術，以及應對進退技巧。

我特別留意到，有一次主管帶人去看房子時，那個人本來要租房子，但主管卻找機會轉換話題，轉而建議那個客戶改為買房子。

這件事觸動我的內心。原來，只要轉變需求，就可以轉變新的商機！

那一回，主管的建議並沒有成功，那個客戶仍只想租房子。但這件事卻大大的影響我業務思維，並成為我往後的一個重要的事業模式。

之後，有一天，我在辦公室接到一通電話，有位女客人想看房子。當時我才進入房地產業第四天，那天主管不在，辦公室裡也沒有其他資深同仁。我急忙打電話給我主管，告訴他這個情形，得到的回覆是，主管今天都很忙，就我一個人帶他去看房子就好！

就這樣，我帶著那位女客人去看房子。

　　原本她的需求是想要租房子，對於我們房仲業來說，房屋租賃服務賺取的報酬非常少。於是我就想到：「轉變需求，可以轉變商機。」我和那位女客人提出另一種建議。

　　「小姐，其實與其租房子，妳可以買房子。妳現在看的這間屋，其實是我們公司自己的房子，品質非常好，如果妳有興趣，我們還可以協助貸款。價格也比市場優惠，買房子其實比租房子划算。」

　　那位女客人非常訝異，她告訴我，租屋租了十幾年了，我是第一個給她這樣建議的人。一般房仲業務就只是制式的帶看屋，合則租不合就換屋，只有我會試著和她以不同角度談論事情。

　　那次我成功的讓那位客人，從租屋改為買屋。

　　這就好比，在學校制度裡，我們可以從小學、中學、高中、大學一路往上提升教育層級。在社會大學裡，我們也是在學習中，不斷轉型提升。

　　所謂轉型，不一定要轉行，也可以在原本的行業上，

提升轉變。

我從 29 歲那年投入房仲業，一直到今天都以房仲為職志。現在我擁有八家分店，旗下員工超過兩百人。

我沒有轉行，但卻歷經幾次轉型。

⊙首先，我從滿足客戶需求，轉型為幫客戶創造需求，提昇更高價值服務。

⊙再來，我從單兵作戰，轉型為建立團隊模式。

⊙之後我從組織內的團隊，轉型為自己創業。

⊙創業後，為了拓展市場，我有轉型為擴展分店模式。

⊙最後，我又將房仲結合投資致富講座，創立業界新的模式。

一個成功的職涯，就是學習不斷的讓自己在轉型中提昇，而每一次的轉型，都讓自己更接近自己設定的目標。

這就是社會大學，教給我的事。

挫折承受力，
決定你挑戰億萬富翁的戰力

挫折是人生的常態。

一個人可以承受挫折的程度，也昭示著他能夠成就的高度。

在二十世紀晚期出身的小孩，所謂七年級生、八年級生，經常被貼的標籤就是經不起挫折，嬌生慣養，一遇到不順，就想躲回家裡接受父母的呵護。但其實，我看到很多的年輕人，還是很有衝勁，即使遭遇挫敗，頂多難過一晚，第二天又能繼續打拚。

我最佩服那些，即便遇到很大的打擊，仍然能堅持自己的理想，在風雨中屹立不搖，繼續向前的人。在2015年一月，臺灣國寶級臺語歌手江蕙小姐，宣布準備

封麥，頓時震驚歌壇，新聞躍上各大報頭條。一位歌手能夠引起那麼大的重視，一定有其原因，不只是因為她的歌藝好，也因為有著令人尊敬的人品。我印象很深刻的，在 2009 年時，江蕙小姐因為家人的拖累，歌唱 28 年來所有的積蓄全被家人賠光，一夕間原本上億的資產歸零。但她並沒有因此被打敗，她表示錢再賺就有，家人平安最重要。之後她仍堅持維護歌唱品質，以她的專業，奮鬥不懈，同時還是個愛心不落人後的慈善家。她證明一個人要能勇於創造顛峰，也要在面對挫折時依然堅守崗位，才是真正人生舞臺贏家。

我本身也是曾兩度負債累累賠到身無分文，其中有一次還是從億萬身家慘跌到資產變零的谷底。

支撐我不被打敗，再次站起的力量，就是做任何事一定要堅持不放棄的信念。

曾經看過一篇報導，內容大致是說：「做任何事業，至少一定要經過五年的時間，才會成為那個行業的專家。」

然而，太多的人都是看人家做得不錯，就跟著做做

看。過了一段時間，看到另一個行業不錯，他又跳過去做看看。永遠都當不了專家，又或者在一家公司做了六個月，做得不好，也不檢討自己，只會覺得公司不好，又跳到別家公司，又要重新花六個月的時間適應。

也就是說，窮人總在不斷的浪費時間。

我有一位上櫃公司的好朋友，他說他十三年前創業的第一年就賠了五百萬。他那一年就想放棄了。

到了第二年，他又賠了三百萬，他一樣想放棄。創業的第三年再賠了兩百萬，他真的不想做了。做了三年賠了一千萬。到了第七年他終於沒賠錢了，不過他還是很想放棄。

不過，儘管很想放棄，內心卻仍有一個聲音，要他再堅持下去。就是這個內在之聲，讓他在年復一年的受挫折後，卻還是一直堅持著。

到了第十三年，公司上櫃賺了五十億。

我這位朋友，因著堅持，終於成為贏家。

　　民國一百年，因為碰到奢侈稅，我的主要股東全部
退股。那一年對我來說是很大的挫敗年。我同時遭受著
雙重打擊；一方面，我眼看著當時的房地產交易市場，
成交量急速萎縮，本來每個月五六百萬盈收，變成只有
兩百多萬；而員工也一個個放棄，選擇轉行另謀高就，
整個辦公室氣氛非常低迷；一方面，我為了開闢新財源，
又再次踏入期貨市場，沒有記取過往失敗教訓的我，再
度的陷入賠錢噩夢，在半年時間裡，就看著我的存款每
天兩百萬三百萬的消失，那過程也是種精神凌遲。

　　就在我的資產又全部耗損殆盡時，我整個世界又跌
到了生命谷底。

　　但有兩件事，在我消沉的心境中，刺激我站起來，
就像兩盞永不熄滅的燈火，讓我就算身處一望無際的黑
暗，也可以握有手中的光明。

　　這兩盞燈火：第一盞燈火就是我對自己堅持永不放
棄的承諾；第二盞燈火就是我對自己追求夢想的專業信
任，我曾對自己許下期許，我要追求億萬富翁的目標，
並且我要幫助更多的人，這樣的承諾永遠有效。

　　我掌握著賺大錢的基礎業務力，即便身無分文，我也有自信可以東山再起。就在重新思考後，我痛定思痛，一個老闆不該讓自己心思走在類似賭博的事務上，我該做的是，更認真要投入房地產。

　　隔天我以身作則，不再玩期貨。每天一大早就進辦公室，打電話拜訪客戶，積極創造業績。

　　那時是民國一百年底，我的員工當時已走掉一半，只剩五十多個人。經過大家同心協力的奮鬥。到了一百零三年，我又再次的擁有上億的身價，擁有四十八間以上的房地產，股東團隊也有了新血加入，我找來國內知名的行銷專家張秀滿老師入股並擔任積富房屋的執行長，而我的團隊也已經擴展到一百五十人，並且將市場從桃園發展到臺中，預計很快人員將突破 300 人。

　　民國一百零三年，是房地產業另一次重大的挫折年。這一年的挫折，甚至比一百年那次更嚴重。在這年，房市承受雙倍的打擊，一方面市場成交量緊縮，有價無量，

成交值緊縮到只剩一半，同時一方面競爭者倍增，房仲業者，從原本的三千多家，擴展到有六千多家，被人們戲稱，房仲家數比便利商店家數還多。

在成交量減半的同時，競爭卻變兩倍，其結果就是每家的成交量都只剩過往的四分之一。

碰到這次的打擊，我選擇主動挑戰困境，找出新的方法來擴展事業。

從一百零三年 9 月分開始，我開啟了投資房地產致富的全省巡迴講座，結合張秀滿老師的成功激勵演說，以及我本身的投資實戰技巧，我們把演講訓練宗旨訂在幫助更多人脫離貧窮，追求財富自由與幸福生活。

除了是專業授課外，這也是國內首見的「一對多」房屋銷售發表會。過往的房屋銷售模式，都是一對一，我們卻透過演講，同時將投資致富的理念分享給許多人，最多時候一個場次有超過 300 個人。這些人，大部分都能從我們的熱忱分享中，學到基本的致富觀念，更有不少人因此選擇加入我們團隊，一起創造富裕生活。

新事業的契機，往往出現在逆境時！

這就是另一種，在挫折中找出逆轉勝的力量。

你相信你自己會成功嗎？

　　相信自己會成為億萬富翁，你才有可能成為億萬富
翁。

　　你知道全世界誰最不相信你可以成功嗎？

　　最不相信你的人，第一個是自己，第二個是親人。

　　以業務工作來說，眾所周知，做業務是會碰到最多
挫折的行業。

　　通常第一個挫折，不是來自客戶，而是來自家人。

　　最親近的人，往往是帶來最大反對力量的人，但一
旦他們接受你，就會成為最大的支持力量。

二十九歲那年，我決定離開工作十多年的酒店，拋棄月收入不錯的那卡西工作，當時遭到來自家人強力的反對。

其實家人和朋友一定都是關心你，才會反對你，反而是陌生人，你是好是壞對他們來說無關痛癢，才不會在乎你做什麼。

在家人看來，生活不容易，我每月有十多萬收入，應該好好珍惜。但其實，當時因為景氣的關係，我在那卡西的月收入已經只剩七八萬元了。再者，他們也不知道我的債務情況很嚴重，若不轉型我的一生就毀了。

從開始投入房仲業務工作，有大半年的時間，親友持續潑我冷水，

因為那時候我雖每月已有二十萬的收入，但卻大部分拿去還債，朋友只看到我生活上資金好像不充裕，認定我選錯行業。而我的確當時也是生活非常苦悶。任何人當時若處在我的狀態下也許也會選擇放棄吧！

還好，我後來堅持自己一定要賺大錢的目標，撐了過來。在我工作半年後，暫時不再為債務所困後。我可

掌控的收入變多，明顯好轉，家人朋友才開始不再反對
我的選擇。

我知道家人朋友都是為我好。

有些人會因為家人朋友勸他放棄，就選擇放棄，並
且將責任推給家人朋友，對於這樣的態度，我非常不以
為然。

我們應該做的，不是被家人朋友牽著走，更不是怪
罪家人。

而應該是展現你的野心、信心、耐心，讓他們放心。

掌控金錢，
而不是讓金錢掌控你

要想學投資理財，一定要先建立正確的金錢觀念。

對於有債務的人來說，我的建議是：**在學理財之前，得先學會理債。**

許多人的一生，生活中一大痛苦，就是債務。現代的年輕人，為信用卡卡債以及助學貸款所苦，中老年人，則許多人為房貸所苦。彷彿一生都被銀行或債主壓著抬不起頭來。

關於理債，我自己的人生就是很好的教訓。

從小家境就不好的我，時常聽到爸媽和親友借錢，小小年紀的我，因此立誓要賺大錢，長大後不再看人臉色。可惜，當年的我只想到要盡快賺大錢，並沒有想到

要如何理債。乃至於我人生有一段不短的歲月，都為債所苦。

在我還沒投入房地產業務前的年輕歲月，我靠著那卡西的工作，每月有十多萬的收入，這在那個年代來說，已經算很高的收入，原本我可以過著舒舒服服不愁吃穿的生活。但可惜，我因為投資期貨，負債千萬；信用卡、信貸、標會金等債務，讓我每天都活在陰影下。銀行每個月盯著我的荷包，明明我每月收入那麼高，但每到月初都被銀行收走，並且最慘的是，即便我每月付給銀行十多萬元的金錢，我的債務卻並沒有減少，因為我所支付的都僅僅是利息，在我有能力償還本金前，那些債務本金不但不會消失，並且每月還會繼續衍生新的利息，讓我快喘不過氣來。

我非常了解一個負債的人，內心是如何的苦悶，這也就是後來我為何要開設理財致富課程，把理財講座當成我的人生目標之一，因為我真的不忍心看到有那麼多人，將寶貴的青春，都困頓在債務的陰影下。

我永遠記得，那段背債歲月，我是如何的消沉痛苦

無望。

　　那時我還是個年輕人，在酒店裡工作，大部分時間只能乾等。而在沒人要我去彈唱的時候，我也不能隨便亂跑。總之，我就是只能呆坐在那裡，內心則思緒起伏。當時的感覺，我就覺得生命就快要萎縮了，不停的等待……無法主動創造收入是一件痛苦的事情。

　　直到我投入房地產，真正投入可以有機會賺大錢的工作。

　　但我因此人生變光明了嗎？

　　結果並沒有。因為我還是為債務所困，只要債一天在那裡，我的天空就繼續充滿烏雲。

　　其實當我開始找到業務訣竅，每月收入可以上看二十萬時，我那一陣子非常興奮。心中還想著，人生終於有所突破了，我每月賺得錢夠繳銀行，然後還剩一點點錢可以過生活，我以為我的人生找到解決方案了。

　　但業務工作其實是起起落落的，不保證每個月都那麼平順。在我進入房地產的第七個月，那個月我特別的

不順，業績沒有做出來。於是我碰到一個很大的問題，我繳不出當月的銀行借貸款項。

現在想想，那也許是上天的安排，讓我有機會可以好好反省我的理債方式。

我記得那一個月，我因為繳不出錢來，就跑去銀行，低聲下氣的和銀行協商，拜託他們通融我一下。

但銀行的態度很強硬，不能通融我延付，也不同意降低我利息。

我問銀行為什麼，他們的回答，竟然是「因為我的信用很好」，所以無法降低我的利息。

那一夜，我失眠了。銀行的話，讓我的心變得很冷。

我在想，我的人生到底所為何來，每個月辛辛苦苦賺錢，但口袋卻永遠空空。彷彿我的人生只是一場徒勞，我生來只是要當銀行的債奴。

銀行的邏輯既然是我信用好，就不能降息，那難道我信用不好，反倒可以獲得較好的待遇嗎？當我信用好，繳款正常，還得低聲下氣向銀行哀求，那是不是反過來，

我不還錢了，換銀行要來求我了？

在又氣又悲傷的心情中，我做了人生中一個很重要的抉擇。我決定放掉我 29 年的良好信用～

這也成為我人生的一大轉捩點。

我不是要告訴年輕人們，欠債不還。但若是已經很努力在工作，仍然無法償清債務。那我的真心建議：寧願放棄信用，換取打拚的資本，等到哪天你真正成功，再回來還清債務。

在我三十歲那年，我做了這個重大的決定。我要先賺大錢，將來再還錢。就在隔天，我把手機門號換掉，也搬了家。

我的億萬人生正式啟動，就從我拋棄債務羈絆那天開始！

也就是從那天開始，我的收入快速成長。

不再被銀行牽絆的兩大影響：第一，我每個月可以真正累積財富。讓我過正常的生活，也開始儲存投資房

地產的資本。第二，我不再時常被銀行打擾。當一個人每天工作，卻一天到晚接到銀行的催款電話，要如何安心做事呢？

就從那一刻開始，每月的一、二十萬收入，真正屬於我。我也第一次體會，成為有錢人的幸福自由感覺。此後我的財富不斷增長，從百萬、千萬到好幾千萬，乃至於上億。

多年後，我主動和銀行聯絡。

你們猜銀行的態度是什麼？還會對我百般設條件嗎？

沒有，他們非常的高興，只要我願意還錢，幾乎我提出什麼條件他們都答應，最後我針對不同家銀行，分別用比原本債務打五折六折的金額，以一次性清償的方式將所有債務還清。

而藉由債務這件事，也再次印證了一個道理：

有成功方法不一定會成功，你要把失敗原因去掉才

更接近成功。

以我的例子來說，我雖然很會賺錢，每個月都在賺錢，但債務就是那個失敗因子，一直伴隨著我，明明我賺很多錢，應該是成功，但實際上卻感受不到成功的喜悅，所有的快樂都被失敗因子抵銷了。直到我擺脫負債，才正式展開人生。

同樣的道理，在我的團隊也存在這種現象。

明明在我的帶領下，我的團隊有許多人，每個月都有不錯的收入，但以結果來看，一年兩年下來，並沒有太多人成為億萬富翁，反倒是我輔導的客戶有很多億萬富翁。為何會如此？

也是同樣的道理。這些人雖然有成功的方法，但卻沒有擺脫原本的失敗因子。

每人的失敗因子不同，有的喜歡賭博，有的一賺到錢就去酒店花掉，有的沒有記帳習慣，總之，不管賺多少錢，最後都被失敗因子抵銷，還是無法成為富翁。

大部分人有成功方法，但失敗因子沒去掉，而所有

的失敗因子，都和金錢有關。

從我多年的投資經驗，以及理債經驗。我最大的心得是，**我們要掌控金錢，而不是讓金錢操控我們**。金錢是要幫助我們過更好的生活，而不是要讓金錢變成我們的負擔。

往後，我在做任何投資，不論是透過槓桿原理，借力使力，用小錢做大投資；或者透過政府的金融管理政策，更善於規畫財務，我這一生都不會為錢所奴役。

我曾負債上千萬，但最後仍走出亮麗人生，讓自己成為億萬富翁。

相信你一定也可以。

chapter
2

百戰百勝的
千萬業績傳奇

業務實戰篇

成功的業務，
就是要不斷超越自己

什麼是業務工作？

和上班族最大的不同，就是業務工作「每月的收入，由自己決定」。

我覺得，從事業務工作以來，只要努力付出，賺取豐厚收入，不是問題。但以收穫來說，我覺得，金錢上的報酬，還在其次，最大的收穫，其實還是從幫助別人，以及創造新的成績，所帶來的成就感。

在工作上，一定要不斷的超越自己，人生才有意義。

自民國 94 年進入房地產後，我就一直是一個優秀的銷售人員。

5 年後，我突然覺得，世界上有很多人跟我一樣，都是優秀的銷售人員，自己似乎很一般，於是，我問自己：「要如何超越自己呢？」

想來想去，創業當老闆，似乎可以超越跟我一樣的優秀人員。

99 年 3 月，我決定要開店當老闆，我要訓練一批跟我一樣的優秀銷售人員，那麼我就可以超越自己，也可以超越其他跟我一樣的優秀銷售員了。

但當了老闆後，我發覺跟我一樣是仲介老闆的人也很多，其中不乏做得好業績不錯的的老闆，這樣比起來，我好像又很一般。於是我又再想了，那要如何能夠再突破自己呢？

想來想去，我覺得如果我是一個投資客，那麼跟我一樣的仲介老闆，就不只會把我當敵人也會把我當朋友了，因為投資客既是買方也是賣方。

就這樣，我透過一次又一次的超越，提升了自己的格局。

在我當了投資客之後，我又發現跟我一樣擁有 3 到 5 間房子的投資客也是很多。所以我又決定了，我要再次超越自己，也超越跟我一樣的投資客。

我決定把投資的數量增加，在 100 年 6 月之前（奢侈稅前），每個月的交易都保持在 40 到 50 間，101 年起（奢侈稅後），每個月交易也都保持在 5 到 10 戶。

現在我早已經是桃園投資量數一數二的投資客了。

我所創立的積富房屋仲介公司，如今擁有八家分店，已經有了一些小規模了，但是我還是覺得有不少的人是跟我一樣的，所以我想要再次的超越自己，當一個可以幫助人的房地產投資學講師。

這是我人生的又一次挑戰，我成功了嗎？

從一百零三年九月分開始，至今我已經演講了上百場，幫助超過 200 個以上的學員成功投資房地產致富了。

這是我超越自己的故事。

那你呢？

如何設立
一定會達成的目標

坊間有許多專業的書籍，教授大家如何設立目標。

我和我的業務團隊，目標設定只分為兩種。

一種是短期目標，以三個月為期。

一種是中期目標，以三年為期。

有朋友問我，為何不設立長期目標？難道我不看重未來嗎？

不是我不看重未來，而是我更看重實務。現實的世界是，計畫趕不上變化。

我的業務工作，不會被太長遠的目標局限，因為當時間空間情況轉換，在死守著太長遠的目標，並沒有意義。

相反的，我認真執行我的每一個短期目標，確實達成我的中期目標。一當短期落實目標落實，累積起來就會是整體目標；一個三年目標完成，自然就可以朝下個三年目標邁進。

我自己的目標設定，一定是比平均標準要再高一點。別人一個月成交 2 戶，那我就設定自己一個月要成交 5 戶。

以十分之一的比例來算，如果帶十組客人看屋，會成交一組。那就是說我一個月至少要帶五十組客人看屋。換算成每天的額度，就是一天要帶兩組客人看屋。

我用數字管理。因為數字最客觀，成交數一個是一個，兩個就是兩個；營業額一千萬就是一千萬，兩千萬就是兩千萬。

當我用數字管理。達不到數字，我就會想法子變通。

當所有的業務，都只將目標朝向自住客，我的主力一開始也都是自住客。

　　但住客並沒有那麼多，難道要因此把我的目標數字降低嗎？

　　不，我改為把市場拓展到租客。一個租客的佣金雖然相對較低，但租客將來也可能變住客啊！

　　於是我就這樣，每天至少帶兩組客人。不論有沒有成交，我都有收穫；一邊帶客，一邊培養經驗，如果有成交，當然最好。若沒有成交，我也可以了解客人的觀點。

　　我會問客戶：「為何不買房子呢？可否跟我說？你不買沒關係，我們還是可以交朋友，但請和我分享，你不買的理由，讓我作為改善的參考。」

　　就這樣，我接觸的客戶層面比一般業務廣，我練習話術也比別人多。

　　我以每天兩組客人為目標，偶爾因為處理合約或其他房屋庶務而一天只有一組客人。但總體來說，每個月會至少帶看五十組客人。

　　當別的業務人員，碰到客戶就放棄時，我卻會繼續追問。並不是我強迫推銷，而是我了解，每個人一定都有某種需求——一個人不是要買屋，就是要賣屋；不是想買賣房屋，那就是要出租或承租房屋；若不買賣，也不承租，那大部分人至少想賺錢吧！那我可以和他們談房屋投資理財。

　　就是靠著這樣的觀念，我成交的案子比別人多，並且大部分客戶都會變成我的朋友，讓我的成績更好。短期目標達成了，中長期目標也會達成。

　　目標的設定，不只可以針對工作業績，針對各種任務，包括投資理財，也是如此。

　　我的專長之一就是投資房地產。

　　很多人好奇，我為何能夠每月成交的房屋比別人多？

　　很簡單，因為我成交的速度快，所以就可以成交更

多房屋。

那為何我成交的速度快呢？

一樣，和目標管理有關。

我為自己設定的投資目標，（104 年）是每個月一定要投資五戶以上。

一般投資客買屋看屋，可能要看到五十戶到一百戶，才挑到一戶。但我只要地段好＋價格到，即使不用看屋（因為每棟社區大部分都看過了），我也可以直接出價，買到的速度當然就比較快囉。

買屋速度快，自然投資速度就快。

我看屋有一套用經驗練就的標準，讓我看屋更精準，而經常跟著我的仲介也都了解我的標準，所以我交代仲介們幫我留意房屋時，原則上，只要價格達到我的標準，我看到滿意房子的機率也會比較高。

同樣的，我也會設定賣出的目標。

目標的達成，不只靠努力，更重要是靠團隊。我已

訓練我的業務團隊，可以更專業的買屋賣屋。並且我們的業務們，能夠針對一間房屋，以團隊的方式合作。相對於其他房屋仲介公司，業務是比較各自為政的方式，我的業務團隊，都能夠彼此支援。

想想，當你在其他仲介公司裡，買賣一棟房子時，是由承接的專案業務負責。我的團隊，卻是用全部的人力為你服務，這樣賣出的效率當然會高出許多。

目標管理，還可以應用在更多領域。

例如，如果你的投資標的不是房地產，好比說你投資股票。一樣可以用目標管理。你可以設定這檔股票，多少元才要買進；再設定多少元，你就賣出。

有了精準設定，不貪求也不妄猜，投資就不會賠多賺少。

有賞有罰，
建立我與團隊的目標

時常，我和我的業務們聊天，發現他們雖辛苦工作，但工作得很空虛，就是說他們只是為工作而工作，但缺少具體的人生目標。

大部分的人，也都犯有這樣的毛病。對人生大方向不求甚解，卻只會在工作的皮毛事情上作文章。打個比方吧：

如果，你的身材不好，應該去健身房操練，但你卻跑去成衣店，東挑西挑這件衣服不好，那件衣服也不好，這樣有意義嗎？

目標不確認，後續的其他事都不用再談。

　　因此，我總和我的業務說，在做任何事前，先訂立目標。

　　設立目標的兩大重點：

一、想成功之前，一定要設立一個偉大的目標。

　　我經常在演講的時候，說我的專長就是「『原』你成為億萬『富』翁的夢想」；因為我的名字叫呂原富。

　　很多人聽到「億萬富翁」後，都笑笑。他們笑的意思是說——不要開玩笑了，億萬富翁這麼遙遠的目標，我怎麼可能做得到。

　　不敢設定偉大的目標的人，是因為怕被別人笑，怕自己做不到，而不敢想。只設定 100 萬目標的人，永遠也不會成為億萬富翁。只設定 1000 萬目標的人，也一樣永遠不會成為億萬富翁。唯有設定億萬的人，才會成為億萬富翁。

　　雖然這個夢想讓別人覺得有點瘋了，但是只要你找到對的老師，教導你對的方法，它是不難達成的。

我總是對我的業務說，千萬不要小看自己。

我跟大多數的人都一樣，都是出生在一般家庭，沒資金、沒人脈、也沒學歷。我都可以有兩次從「一無所有」到「億萬富翁」的經驗了，那麼你也一定做得到。

記住這句話：想成功先發瘋，腦袋空空向前衝！

二、要按部就班，設定一定會達成的目標

前面我說過，我們要有偉大的目標。但這中間一定要步驟。

好比說要成為億萬富翁，絕不是今天說，月底就達成，這樣不叫發瘋，是不切實際，在作白日夢。

我看過超過五十本關於成功的書籍，並且總是在留意這方面的新知。想知道到底應該如何設定一定會達成的目標。

原因在於，我帶領團隊做業務，雖然我個人目標一直在前進，但團隊目標卻無法達成。之後探究原因，才知曉，原來是因為我底下的主管們，既缺乏「不達成目

標就會死的決心」，也缺少一個設定目標的方法。

終於我融合了所有大師的想法，找出了到底如何設定一定會達成目標的方法。其分為六個步驟：

①先設定出３年（中期）的大目標＋３個月的（短期）小目標。

②把它寫下來，並且放在你每天都會看到的地方。

③要把期限標註上去。

④一定要把未達成目標的嚴重懲罰寫下來（重要）。

⑤寫出詳細能達成目標的計畫（重要）。

⑥開始全力執行（重要）。

如同我經常告誡我的業務，你可以讀一萬本書，你可以把我教的東西全部倒背如流。但如果你不去傾全力執行，到頭來一切都是一場空。

以設定目標的六大步驟來說，最難的不是前面三條，只要有人督促，每一個業務都一定可以在期限內交出報告，列出他們的三年目標，以及三個月目標。重點還是後面三條。

　　記得我剛開始透過教育訓練，把訂定目標六大步驟傳授給我的團隊時，初始我碰到的第一個問題，是他們呈上來的目標內容不明確，許多只是應付了事。好比說，三年的目標是什麼？如果訂下的目標是每年收入三百萬，那每月的收入至少 30 萬。但如何達到年收入三百萬？每月的業績怎麼來的？其實他們心中並沒有具體的想法，認為「反正做就對了」。

　　第二個問題更嚴重，目標寫是寫了，例如他們訂出本月業績目標是收入 30 萬。但後來並沒有達到，接著呢？也並不會怎樣。頂多被我罵一罵唸一唸，不痛不癢，之後業績也沒改善。

　　但是，我很認真的，導入「言出必行」制度。

　　只有為自己設定懲罰標準，才會嚴肅看待自己許下的承諾。

　　以我本身來說，從很早開始，就曾為自己許下承諾，也給自己很嚴格的懲罰。

　　我在加入業務工作時，就曾自己告訴自己：「在沒有達到賺到一千萬的目標前，我都『不能休息』。」

　　從那時候開始，我真的言出必行，每天8點就起床，一直工作到晚上11到12點，有時候凌晨還要去貼廣告，不但沒有所謂周休，並且甚至春節也在工作，只有除夕和大年初一初二，因為還是要陪伴跟我一起辛苦的家人，並且那時間也不會有人要讓我看房子，我才回老家過年。

　　我對自己要求很嚴格，曾經有段時期，我有午睡習慣，但每當要躺著休息時，心裡就有個聲音告訴自己：「你目標還沒達成，你還有房子要看，你不應該偷懶。」後來，我就改掉午睡的習慣，直到現在，我中午除了用餐外，從不休息。

　　這麼多年下來，我收入早就超過好幾個千萬了。但我仍是持續要求自己，要不斷努力，不要鬆懈。

　　那麼，我為我的團隊設定什麼懲罰標準呢？

　　既然大家都是成年人了，也都有一定的自尊，並且我深信：來自外界的鞭策，永遠比不上發自內心的督促。

　　因此，我要求我的團隊，自己寫下若沒達成目標該
有的懲罰。

　　因為每個人的個性及喜好不同，每個人的懲罰認定
也不同。像有的人對自己的懲罰是剃光頭；有的人是脫
上衣從頭頂澆冷水；有的人很喜歡美食，懲罰就是一個
月只能吃素；有的長得帥喜歡交際的，懲罰是一個月內
除非對方是客戶，否則不准接觸年輕女孩；或是一個月
禁止休假……各式各樣都有，因人而異。

　　所有的懲罰都由他們自己寫。我一定會真的嚴格去
檢查，某某主管是否真的天天吃素，或都不休假……等
等。

　　因為最大的懲罰一定是來自於自己的內心，其他的
外在懲罰都只是形式。

　　對於我的團隊目標設定，分成兩種。我會幫主管們
設定目標，他們也會設定自己的目標，通常兩個目標不
會差很多，若兩邊目標不同，我就會坐下來和他們討論，
看是我標準訂太高了，還是現實狀況市場真的那麼難達

到。

主管目標設定好，他們會依目標值，再分配給所屬團隊其他成員。一旦目標設定了，就要全力以赴。如果他們每家店訂 200 萬，八家店就是 1600 萬。大家就遵守目標，當成一種約定。

在過往幾年，透過目標設定，以及實際落實的懲罰機制。一般達成率都有八成以上。這也代表著，團隊大部分成員，都有賺到很多錢，可以過更好的生活。

有的年分碰到明顯的不景氣，好比說 2014 年。整個大環境不佳，房市碰上不景氣，那我會調降達成率標準。配合不同店的團隊人數有多有少，每月達成標準從傭收 120 萬到 150 萬不等。

其實，有的人在評估標準達成可能性後，還沒到懲罰時間，就選擇自行離開。這也是業務行業的一種市場機制，無法面對挑戰的，就只能退出戰場。在我第一年實施目標及懲罰制時，十八個主管中，就走掉了四位。但留下來接受挑戰沒有離開的主管，該年的達成率平均達到八成八以上。

　　如今的我雖然已是個億萬富翁。但我仍不斷的為自己訂定目標。除了基本目標，不斷賺大錢，幫助更多人外。我從 2015 年起為自己設下兩個新目標：

　　第一，我要在 2015 年 5 月分前出一本書，將我的成功經驗分享給廣大讀者。

　　而今，你們手上拿著這本書，就代表著我這個目標已達成。

　　第二，我要在全省開設課程，傳授如何成功以及如何理財致富的智慧，大部分人都是努力工作，但賺錢賺得很辛苦。

　　我想告訴所有的人，每一個人都可以學習如何投資賺錢，過快樂人生的方法。

成功的業務，
一定擁有充沛的人脈

　　根據我的經驗以及實地觀察。

　　一個優秀的業務，百分之八十的業績一定來自人脈，百分二十才是能力。

　　所以這世上，多的頂尖的業務員，他們可能學歷不高，不懂什麼企管學術語，甚至外表不起眼，看起來只是個鄉下老太太，但依然可能是個千萬業績王。

　　我自己的人脈累積，可以說是靠「善緣」。

　　怎麼說呢？

　　因為我很喜歡幫助別人。

　　我結交的人脈，大部分都是因為我幫忙他們做了專業的服務，獲得信任，才建立長遠的友誼。

　　以買賣房子來說，我不只付出專業，還付出額外的
服務。並且我不是為了金錢才客套性的幫忙，只要是我
的客戶，我一定全心全意站在他們的立場想事情，以讓
他們獲得滿意服務為目標。

　　我不只幫客人買賣房屋，還幫他們爭取貸款；我不
只協助他們交屋流程，還參與他們後續的房屋裝潢整修；
最後甚至協助他們計算投資收益，然後協助他們用好價
格賣出。有的客戶，甚至因此就把房子的事，全權交給
我；從買屋、貸款、整修裝潢，到最後出租賣屋，他們
可以連看都不必看，只要有我在就一切搞定。而我也因
此贏得他們的信任，透過他們認識了更多重要的人脈。

　　我有許多重要客戶，他們每個人都透過我交易了數
十間，其中有個超級重要的客戶還交易了兩百多間呢！
我幫他們都賺到錢了，我自己當然也賺到很多錢。

　　結交人脈，不是要靠花言巧語，更不是靠耍特別手
段，送禮逢迎。

我結交人脈的基本態度，就是為「對方著想」。

我會為對方的報酬著想。如果客戶委託我賣房子，他設定的目標是賺五十萬。假定他的房子，五百萬買進，裝潢成本是五十萬。那麼要賺五十萬，我就要幫他賣到六百萬。

但有人會問，那仲介費呢？

這就是我自己的個人問題。

我要想辦法將房子賣到 625 萬，才賺取我的 4% 佣金。若只幫他賣到六百二十萬，那我佣金就只能拿二十萬。若只賣到六百萬，那我就只能犧牲自己佣金了。

一切以客戶需求為著想，我若賺到，就表示客戶一定也有賺到。因此，客戶願意信任我。

以房屋後續處理的環節來說。

當客戶發覺你是和他站同一邊的，自然會把你當朋友。

大部分的仲介，買屋賣屋就是銀貨兩訖，房子我賣了，約我簽了，一切合法，後面的事是你家的事，和我

無關。

但我從不這麼想。客戶一旦和我有交易，我就把他們當朋友，甚至當成家人。當自己家人家中有狀況，要找好的貸款，你會跟他說，這不關我的事嗎？當家人想要裝潢，你會跟他說，先給我一筆錢，我再幫你想辦法嗎？

當然，我超級愛賺錢。

但我寧願賺整體房屋投資的大錢，而不會和客戶計較這種小錢。

或許有人會問，許多人一輩子只買賣一間房子，你和他們交朋友做什麼？事實證明，許多人也許一輩子只買一間房子，但他們會再介紹朋友給我。更多的客戶，不只買賣一間房子，他們也懂得投資的好處，至於投資的專業，當然就委託給我了。

勤練業務基本功

　　大部分的業務人員剛進入房仲業，都只想著，只要我運氣好加一點點的努力，就可以賺到一筆大錢。

　　殊不知，想要一進來就賺幾十萬的機會一定有，但是機率是非常小的，只有超級優秀的業務員，才有可能月月賺幾十萬。

　　那麼到底要如何成為超級優秀的業務員呢？

　　那就是一定要勤練基本功，業務人員的基本功是指以下四點：

　　①非常熟悉你的產品。

　　對於房仲人員，就是要不斷的看房子，看過了再看，不斷的看，並找出房子的 10 個優點與 10 個缺點。

　　②不斷的熟悉銷售的區域。

有何大型的標的物或是生活機能狀況。

③不斷的了解社區。

各個社區的倒垃圾時間，社區都住了什麼樣的住戶……等等。

④不斷的和客戶聊天。

先學會如何與客戶交朋友，再學會如何問出客戶內心真正的需求，接著要學會解決客戶的問題，最後再搭配適合的房子給客戶。

簡單的事情重複做，你就會變成專家，重複的事情用心做，你就會變成贏家。

不要再好高騖遠了，想要月月賺幾十萬，記得：「勤練基本功，賺錢就輕鬆。」

修完失敗學，
才能昇級成功學

常常有業務問我：「總經理，我又失敗了，好沮喪喔！……」

我說：「失敗是很正常的一件事，為何要沮喪？就跟每天太陽從東方升起，西方降下一樣的平常：就跟每天都要照三餐吃飯一樣的平常。」

愛迪生失敗了數千次，才發明了電燈：王永慶失敗了數千次，才有花不完的資產；比爾蓋茲失敗了數千次，才發明了最好的軟體，成為世界的首富；連國父都革命了十一次才成功。

人生之中，失敗的次數絕對是大於成功數百倍的。重要的是，如何避免同樣的失敗，並且找出成功的規則。

負債上千萬，這算是人生很大的失敗吧！二十九歲那年，我如何從谷底站起來，朝致富之路邁進呢？

每個人都會遇到失敗，特別是我們做業務的，更是天天與失敗為伍。

其實這裡所謂的失敗，主要是指被拒絕。

我天天聽到我的業務回報他們沮喪的經歷：「今天帶看客戶，談半天，結果他卻不下訂，之後也不理我。」、「好氣餒喔！明明覺得對方準備簽約了，但最後又反悔。」

我真的覺得很納悶，你會為平常一件小事感到困擾嗎？

為何你覺得被拒絕是件大事？

因為，你拜訪的客戶實在太少了。

如果你只有五個、八個客戶，那每一個客戶不跟你買，你就感到打擊特別大。畢竟，五分之一是很大的比率。

但如果，你今天有一百個客戶，其中有一個客戶拒絕你了，你會如此大驚小怪嗎？

　　簡言之，你的格局不夠大，所以會對每個挫折耿耿於懷。

　　我就不會有這類抱怨，因為我真的沒有多餘的時間抱怨⋯⋯

　　對我來說，被拒絕是正常的，因為我接觸的人那麼多，如果每個案子都順順利利那才奇怪。我根本不會花一點時間後悔、沮喪；在我的腦海裡，根本不會有這種自艾自憐的想法。

　　我會做的，就是結束這組案子，快馬加鞭談下一組客人。

　　我總是跟我的業務說：「失敗也很好啊！每次失敗都讓你學到一點新東西。」

　　失敗累積的越多，就代表你學到的越多，到後來你就成了不敗之身了。什麼挫折都經歷過了，你還怕什麼？

　　失敗學的重點就是：

　　失敗學的學分，是成功學的基礎學分。

理財成功的學問，
就是做人成功的學問

隨著我從事業務工作越久，我就越發現：「理財成功的學問＋做人成功的學問，才會等於快速致富。」

若你有一定的財富基礎，想要快速擴增財富，一定要做理財投資。若你尚未有財富基礎，想朝致富之路邁進，一定要先做人才投資。即便你財富快速增加，也永遠不要忘了，持續不斷的繼續做理財和人才的投資。

房地產投資，和人才投資，是我人生成長致富的兩大關鍵。

民國九十四年四月分我進入房地產，開始做業務。我是個積極認真的業務好手，因此我開發的市場也越來越大。第一個月剛進公司，我還是個菜鳥，但在那個月

第四天我就賺了二十幾萬。此後,我每個月都至少賣出兩戶房屋,每月都也都至少賺二十幾萬。那時是在一家建設公司,我賣的都是公司自己買回投資的物件。但儘管我的月收入不少,但就保持在月收入二十多萬,沒有很跳躍式的大突破。

直到民國九十六年,我的收入才出現更大的成長,因為那年開始,我不只從事房屋買賣業務,我也協助客戶做房地產投資。原來拜我人生的一個貴人之賜,我從幫那位客戶做房屋投資中,學會了這種快速有效累積財富的技巧。原來透過投資理財,可以賺到比單純做業務還要多更多的財富。

民國九十八年,我成為真正的投資客,也就是我不只幫客戶做房屋投資,我也開始自己買屋賣屋做投資。

由於我一方面幫客戶做房屋買賣服務,一方面我也擁有自己的房地產,不管是銷售還是投資,我都已經有一定的規模,單靠我一個人,已經無法負荷我全部的業務量。於是我開始重視團隊。那年我開始真正擔任主管,帶著7到8個夥伴,一起分擔我龐大的業務。

　　隨著買和賣的需求大增，我後來離開建設公司，加入另一家更大的投資公司。因為那裡的物件比較多。然而，我終究還是覺得池子太小。為了創建更大的格局，我必須有更大的突破。

　　於是民國九十九年三月八日，我創立了積富房屋。至此，我將很會賺錢的兩大關鍵（做業務＋創業）結合在一起，開創我人生新的里程碑。

　　讀者朋友們可以從我事業發展的脈絡，看出人生成長的關鍵，就是人才應用的關鍵。

　　人才包含兩個主要層面：第一是團隊人才，第二是社會人脈。

　　在我做業務打拚的初期，我靠的都是社會人脈。我靠著優秀的業務力，在房仲市場有一定的好名聲，讓更多人願意把房屋交付給我處理，我也認識很多貴人，他們不但是我投資業務的主要客戶，也是我終身的朋友。

　　但隨著業務擴大，我知道，單靠社會人脈已經不足以讓我的業務順暢運作。於是我開始導入團隊作戰，正

式告別單兵作戰的歲月。

　　從帶領小團隊，到形成大團隊。

　　再從大團隊，變成正式設立公司。

　　民國九十九年，當我成立積富房屋時，公司裡有四個股東。

　　我的營運團隊，一開始就只有八個人，其中四個是股東，再加上四位員工。麻雀雖小，五臟俱全。剛創業時，每個人都身兼多職，但即便如此，我覺得一個好的團隊，一定要做好人才定位。

　　公司裡八位創始成員，我都依其能力專長，賦予其職位。一位是人事主管，責司人員聘雇，以及若有人進來，負責留住人才；一位是教育訓練主管，就是要負責把召募的新人訓練好，安排上課以及激勵訓練。還有行政管理主管，做好文件歸檔，及公司制度流程；網路主管，負責架設網站及相關管理；還有業務主管、財務主管……等等。

　　我認為大部分小企業不會成功，不是撐沒幾年就倒

閉，就是永遠規模做不大，就是因為沒做好人才定位，每個人什麼事都要做，但又不專精，出了事也沒一個具體的負責人。

我在創業初期，就先做好人力規畫。之後隨著組織成長，我也會讓新加入成員，適才適所，參與不同的部門。

對於人才的聘用，只要是好的人才，我都願意給予好的報酬。薪資的給予，要看每個人的付出，做業務的，只要業績夠好，一定會領得很多，在我的帶領下，我也讓許多的業務成為高收入族群。至於行政工作，或其他非業務性質的職位，我也都會給予具體的任務要求，只要能達到標準，就有相應的報酬。而若真的不適任，也不要浪費彼此的時間，要毅然決然換人。

公司創立一年多來，我的業務團隊，從八人擴增到一百多個。

然而在民國一百年六月的時候，碰到了政府宣布要課徵奢侈稅。這個宣布，大大改變了房屋投資規則，原

本房子可以短期買賣，現在只要房子在兩年內買入再賣出，就要被課稅。一時間引起房地產業大震撼。積富房屋也在那年，碰到創立以來的第一個挫折。

當年創業的股東，後來陸續退股，只剩我和行政股東兩人。而我的團隊，也人數驟減，只剩下五、六十個人。

然而，只要願意留下來打拚的，都是有志成長，願意遵守承諾的戰士。我們在一起奮鬥，撐過了那段艱苦時刻。

後來我的事業繼續拓展，到一百零三年底時，已經有八家分店，團隊總人數將近兩百人。

事業，是一種人才的投資學。

我的公司積富房屋的成長史，就是人才茁壯的成長史。

打造自己專屬的
成功方程式

　　成功的方程式，就是：**不斷的賺錢＋不斷的投資房地產＝億萬富翁**。

　　那麼是賺錢重要？還是投資重要呢？

　　如果兩者都重要，那麼我該建議讀者，將主力放在哪一個項目呢？

　　答案是，在正確的心態上，配合每個人的狀況將兩者發揮到極致。

　　民國九十八年，我當時已經是個非常嫻熟的業務高手，透過幫客戶買賣房屋的佣金，每月佣金都可以有好幾十萬。但我已經很會賺錢了，竟然還有比我個人還更

會幫我賺錢的事物。

　　那一年我赫然發現：房地產居然比我還會賺錢！

　　一個人靠業務工作，也就是銷售產品給客戶賺取差價，必須花費很大的心力，以我來說，我每天工作時間超過十二個小時，為了買賣房屋，所做的功課也不少。但辛苦半天，最後仍無法成交；或者奔忙半個月，一個案子才只賺幾萬元，這都是常有的事。

　　但當我投資房地產後，一間房子只要經過整理，當我忙碌的時候，我只是把房子擺在那裡，或者出租給別人。它不會耗掉我時間，也不用我多費唇舌替它讚美，就可以短時間內，價值上漲好幾十萬，甚至上百萬。投資房地產，真的比我辛勤跑業務賺得又多又快。

　　然而，這就代表人們可以放棄業務，專心做投資嗎？

　　這是錯誤的思維。

　　原因有二：第一、如同我在本書開宗明義就曾說過的，賺錢的重點，不只在創造金流，更重要的是要創造「價值」。而，唯有植基於業務耕耘上的投資，才是真

正價值。第二、業務是根本，是生活的基本，一生中不可拋棄的基本技能；投資是枝葉，是讓你努力播下的種子開出更多的財富果實。

　　我知道有許許多多，勤懇工作的公務員，以及上班族，他們認真工作一輩子，累積了一定的積蓄，當我協助他們將這樣的資金投資在房地產，我知道我身負重責大任，因為很可能這筆資金就代表他們的全部財產。因為正確的房屋投資可以帶給他們安穩的下半輩子生活，先不論會不會成為億萬富翁，但一定可以過著衣食無虞的生活。

　　他們不是業務，但他們也精耕本業，為社會服務。對他們來說，因為沒有業務帶來的高受入，投資相對來說，非常重要。如果不靠投資，他們可能就會擔心晚年的生計。

　　而我像我這樣的業務從業者，我們靠著業務實力，即便碰到重大挫折，也可以隨時東山再起，只要手中有產品，而我們也願意勤奮工作，終有一天財富還是會回

到身邊。

但對業務工作者來說，需要追求的還是一種財務安全感。以我本身來說，我雖是業務高手，但也曾有一個月分，完全沒有業績，連貸款利息都無力繳納。這時候，有好的投資，就是我們的基本保障。我們知道可以將辛苦賺來的錢，擺在房地產，讓政府的建設以及隨著時間發展房屋價值的提昇，讓我們的財富可以看到安穩的未來。

但我反對，不事生產，只想依賴投資致富的生活方式。因為鬆懈會讓人怠惰，不工作者容易染上惡習，而且會帶來許多負面的影響，不管是財務面的影響，或者心靈面的影響。

以我自己的業務團隊來說，曾有人問我，既然我們是從事房屋買賣投資，那會不會擔心，我的業務們，全都把主力放在「幫自己投資」賺錢？而荒廢了業務本業？

我告訴他們，我不會擔心，因為業務和投資是相聯結的。一個不能做好本業的人，熱誠和專業會開始下滑，

接著就會逐漸失去客戶，連帶的他可以承接的標的物就會變少。而且對於年輕人來說，靠投資買賣換取的收益，需要時間，不是今天買明天就賣那麼簡單，每個月過生活的現金流，還是要靠自己賺取。一個失去業務力的人，也就失去競爭力，緊接著要應付投資的各項支出也就不能負擔。

以投資房地產來說，在房屋賣出前，每月仍需付出一定的貸款，跟銀行借的錢還是要按時繳納，否則房屋將會被銀行查封。

而一個好的房仲業務，也同時應該是個好的房地產投資客。唯有具備優秀的業務力，才能幫自己找到最好的房子，並且在最好的時機，以最好的價格賣出。若你有房子，卻不靠自己賣出，而等著別人幫你賣出，那就不知要等到何年何日了。

以我自己投資的房子來說，有七、八成的物件，都是靠我自己的團隊賣掉的。只有一兩成是靠其他仲介幫我銷售。

所以，守住業務本業，才是創造成功人生的基石。

業務的人才投資學

　　賺錢與投資，息息相關；投資包括理財投資與人才投資。特別是在做業務時，平日投資的人脈，在關鍵時刻會變成你的錢脈。

　　我在房仲業界，以擅於投資房屋聞名，被稱為房市的投資鷹王。除了前面說過，我總是以客戶為角度，幫他們買賣房子外，我還有一個特色，也是為我朋友所津津樂道，那就是我非常重視，利潤共享。

　　只要曾經幫過我，或與我共事的人，我有好處，絕對不會只有自己獨享。久而久之，大家都更願意和我交朋友。

　　首先，我在做業務時，由於我的人脈比較廣，可能獲得的情資比較多，那我不會藏私把所有資訊只留給自己。那樣對誰都沒好處，因為，一方面別人獲得不到情報，承接不到新案件；而我自己案件太多又忙不過來，藏私的結果，犧牲的只是客戶的權益。

　　通常的作法是，我會將手中的業務，分享給我的業務團隊。也許他們不像我這麼經驗嫻熟，那我會跟他說，你只要先帶客戶去看房子，或者先幫我處理某部分的業務，其餘的我再自行去和客戶見面，做最後簽約收尾的動作。至於因此賺到的利潤，我也不吝嗇的和朋友分享，從來不會去計較說這案子是我找到的，最後也是會談成的。

　　隨著我的團隊越來越大，我也知曉，每個人的個性不同，也許有的人很懂得和陌生人洽談，但不擅長留住客戶；有人剛好相反，不太習慣和陌生人講話，但對於已經洽商過有意願的客戶，卻能夠很貼心禮貌的處理各種流程。

　　我會適才適所，配合不同人的個性，若有我可以協

助的地方，也會盡力協助。

　　甚至連大樓的警衛先生，我有成交賺到錢也願意分他一點。因為我覺得在整個交易過程，警衛先生以某個角度來說，也是參與者，只要有參與，就有做到貢獻。

　　在我成立積富房屋後，團隊陸續拓展。我培養人脈，不是靠表面工夫，而是靠誠心幫助別人。

　　我一開始以「幫助人」的心境，希望客戶趕快把房子賣出去，他可以趕快獲利。也因此結識了很多重要客戶，他們長期都願意將房地產交給我處理。

　　我願意幫助我的業務團隊賺到更多錢，他們業績提昇，我的公司也就更加茁壯。

　　我也做公益不落人後，公司曾捐錢給很多團體。

　　後來也碰上，這些團體會引介資源，將一些企業名下的房子，委託給我們公司賣。記得有一次，有個學校老師同時也是我的客戶，她告訴我，有個學生家裡很可憐，他們家有人往生，卻沒錢處理喪葬事宜。我基於好心，那次就捐了八萬給那戶家人。

　　結果，那回我去參加公祭時，會場中竟然有人主動

找我，說有房子要委託我賣。就這樣，我初始以助人的心，最後常常得到對業績有助益的回報。

只能說不論賺錢或投資，都是為了要帶給自己更好的生活。

既然服務大眾，與人為善，和賺錢及投資並不衝突，既可以助人，又可以讓自己內心更安樂。那助人的事多多益善，何樂而不為？

不是只有口才好的人 才能當業務

　　怎樣做業務？是不是只有口才很好的人才能做業務？

　　若一個人不是長袖善舞型的人，或者不是八面玲瓏型的人，是否就無法做業務？

　　多年來，我已經被問過許多次這一類的問題。

　　包括我自己的業務團隊，當他們碰到挫折，業績沒有進展時，也會哭喪著臉，向我提出這樣的質疑？

　　其實上天是公平的，沒有限定什麼人一出生就適合做業務，什麼人就只能當收入不多的上班族。以我來說，我是個業務高手，但我並不是個口才很好的人，但這無礙於我成為一個年收入超過千萬的超級業務。

　　再舉一個例子，有一位也是從事房仲業的業務人員，

名字叫王浩，他也曾出過書介紹他的奮鬥過程。這位王浩先生，是個天生既聾又啞的人。

他不能說也聽不到，卻可以一年賣出七戶房子。

他的工作態度是，每天堅持在市場上發 DM 五個小時。他給了我一些啟示：

①**堅持**很重要。失敗的業務總是在成功之前就放棄了。

②**勤勞**很重要。失敗的業務只想輕鬆賺大錢，不願付出太多勞力。

③**傾聽**很重要。失敗的業務總是說的比聽的還多。

④**決心**很重要。失敗的業務是不會抱著做不到會死的決心。

老天爺給了我們大部分人健全的身體，但是很多人的心理是比身障人士還更不健康，更殘缺的。王浩做得到，你也一定做得到。

所以，做業務不一定需要口才好，更不要求你一定得要長袖善舞，做業務需要的四件事：

成功方程式＝努力＋專業＋對的方法＋堅持

當然，搭配一些好的業務技巧，可以讓業績更上層樓。

但最基本的還是要有正確的心態，認真打拚，付出專業，就能豐收。

成功的業務員需要三心二意

做人不要三心二意。但做業務的人,卻需要加強三心二意,哪三心哪二意呢?

三心,就是野心、信心與耐心。

二意,就是做人做事的誠意,以及,我們一定要讓客戶滿意。

缺乏野心的人,難以成功。

常看電視或小說的人,有時候對野心會有種負面想法,好像有野心是種大逆不道的事。那是因為故事裡面,野心常和叛亂、陰謀等牽扯在一起。

但實際上,人人都需要野心。

　　一個人之所以貧窮，最大的原因之一，就是缺乏野心。

　　我帶領過的業務超過 1000 個人。

　　從一個人是否具有野心，就可大致上看出他的未來成就。

　　業務可以簡分為三種：

　　一、最低等的業務，是完全不敢走出去，每月只賺 2 萬、3 萬或五萬就好。他們也不是就滿意這樣的收入，只不過他們也不知道該怎麼辦？總認為自己這輩子就是這樣了，不敢奢求，連試都不敢試看看「賺 20 萬或賺 50 萬」的想法。

　　二、中等業務，比較敢嘗試去追求更好的目標，內心有小小的野心。但也只是小小的，對於每個月能賺到 10 萬、20 萬，或者是戶頭存款能累積到幾百萬就心滿意足了，開始放鬆、犒賞自己。等到錢快花完了，才又開始認真做事的人。殊不知，人是要把握時機點，一鼓作氣，至少要忍耐個 3 ～ 5 年，至少要達成 1000 萬的

目標，才可以真正的輕鬆一下。

三、**最成功的業務**，是不斷的思考，賺到 10 萬後，要如何賺到 20 萬，賺到 20 萬後，要如何賺到 50 萬，不斷思考為何別人可以一年賺 1000 萬，我要如何也賺到 1000 萬，然後把賺到的錢繼續投資房地產，創造另一分收入。周而復始，不用五年，千萬目標絕不是夢想。

人人都應該要有野心，但這世界上成功的人還是少數，因為只有少數一些人，心中有著像烈火一樣強烈的野心。

試著把野心找回來吧！有了野心，再加上堅持，不達成目標絕不放鬆，成功一定是屬於你的。

展現信心，成就業績新境界。

什麼是信心？信心不是趾高氣昂的傲慢，信心也不是光鮮亮麗的外型。

信心其實是一種和自己每天生命結合的能量，它應

該像呼吸一般自然。

只要對自己有所懷疑，那就不是信心。

你會懷疑你每天有沒有在呼吸嗎？這件事已經融入你的生活，像生命本身一樣自然。同樣，信心也應該是這種與生俱來的自我肯定。

當你從事業務工作，朋友開始避開你，怕被你推銷，而你也不敢和連朋友聯絡，彷彿印證了他們說的都是對的。這樣的你就是缺乏信心的你。

當你外出介紹產品，遭到路人冷眼，或你發的 DM 被隨手丟在路邊，於是你自尊受挫，回家哭訴。這樣的你就是缺乏信心的你。

如果一句反對意見就可以讓你信心崩盤，那這樣的你會不會太過脆弱？

每個人都有致富的機會，而往往都被自尊所蒙蔽。

懂得拋開尊嚴的人，才能看到真實的自己。

當你看到一個人，願意挨家挨戶推銷產品，你不應該用嫌惡的眼光看他。他不偷不搶，他只是靠自己的努力想把一個好產品介紹給你，你可以不買，但不需要貶損他人。

同樣的，當你要和陌生人做業務開發，業務拜訪。你要先放棄傳統上對自尊的想法，認為業務就是低聲下氣，認為業務就是丟臉。

沒有人覺得你丟臉，只有自己的沒自信，才會讓自己感到丟臉。

有耐心，成功一定找到你。

如果，一個人想要今天耕耘，明天就收穫，那叫作癡心妄想，不切實際。

如果，無法今天耕耘，很快看到結果，就想放棄，那這樣的人根本就對自己的事缺乏信心，只想靠機運獲致收成。

我所看到的成功人士，都是堅持自己的理念，再

經過一段時間後開花結果。如同我前面曾介紹過我的朋友，創業十三年，前面幾年每年都在賠錢，但最後成就五十億的事業。我自己本身也是經過每天勤奮，才打下業務的基礎，享受成為億萬富翁的果實。

　　只要是確定對的路，就應該堅持一路向前。

　　心是自己最大的敵人。

　　許多人在還沒出征前，往往還沒正式碰到敵人，就被自己的心打敗了。讓我感到很惋惜。請記住：

　　成功是一種觀念，致富是一種責任；窮人之所以窮，是缺乏當富人的野心；沒有無法改變的窮口袋，只有無法改變的窮腦袋。要想當一個成功的業務，就從洗「心」革面開始。

一勤天下無難事

我時常告訴我的業務們，沒有人天生就不能當業務員。

一個人若不能當個好業務員，問題一定出在自己的態度，而不是任何先天上的原因。

有兩種人，我不歡迎他們當我的業務。第一種是好吃懶做，只想守株待兔不願主動出擊的人。第二種是不學無術、不求上進的人。

一勤天下無難事，業務技能第一條：就是努力努力再努力。勤勞是我打造我業績長紅的基本技能。事實上，也是我所認識大部分業務員賺大錢的關鍵。

二十九歲那年，我剛開始加入房仲業務。我沒日沒夜的工作，因為客戶不會管你幾點上班幾點下班。

二十四小時，都可能有商機。

做房仲業務，最基本的行銷方法，就是貼廣告。因為一對一拜訪，一次只能拜訪一個人，靠廣告，卻可能可以吸引許多的潛在客戶。

那時候，我邊工作還得邊照顧小朋友。有時候晚上我要出門貼海報，小朋友不睡覺，硬是要跟來，我也只能帶著他們一起出門。由於貼廣告，不能選在白天人來人往的時候，一方面會有礙觀瞻，二方面白天的時間要用在更重要的事，也就是實際帶客人看屋。所以我們房仲業務員，都會在晚上的時候去貼海報。

其實那工作很辛苦，不但要走很多路，彎腰屈膝做工，還要擔心被檢舉破壞市容。我也擔心小朋友會不耐煩，還好小朋友多半覺得夜晚出來「趴趴走」很有趣。

我記得我持續兩年，除非外頭下大雨不方便作業，否則我每天深夜到清晨，都會到不同地點用珍珠板貼廣告。

另一個最常讓業務覺得辛苦的事，就是快跑斷腿的感覺。

　　做業務的，最希望客戶電話一直來。但真正客戶來的時候，往往讓你不得休息，我就經常碰到，帶一組客人去看房子，介紹完屋況，等客人離開後，我回到辦公室，門剛打開，都還沒法坐下來，就又有電話要我帶屋。一天來來回回好幾趟，椅子都沒空坐。然而十多年下來，我已經習慣這樣從早到晚，不間斷的為客戶服務，即便十組客人中，可能只有一組成交，我在來來去去的路上，也絕不會露出不耐煩的臉色。

　　現在的我，已經有著強大的團隊，有上百個業務員可以協助帶屋。但我自己本身也絕不偷懶，每天從早到晚，不停歇的處理客戶的買賣案件及貸款的流程。

業務之道，
學無止境

當我的業務同仁們，跑了幾天業務，卻沒有業績，我不會生氣，我會耐心和他討論是否哪些方式不對，可以改善，以求成功開發客戶。

但如果我的業務同仁，已經見到客戶，卻因為自己的不專業，而讓機會跑掉，那我就會生氣；因為「懂得自己產品＋專業素養」是業務的根本，不懂產品，叫什麼業務？

業務的學習，有幾種境界。

最基層的學習：

· 了解公司的制度，抽佣的方法。

· 了解並熟背自己公司的物件，包含坪數、格局、

年分、價錢等。

- 了解不同區段的市場行情，房屋買賣的現況。
- 了解和房屋買賣相關的法律規定。
- 了解房屋交易流程以及各項稅務數據。

一般來說，若連這幾點都還不熟的新人，不適合去跑業務，因為若客戶一問三不知，反而會留給客戶壞印象。

進階的學習：

- 各種應對進退的基本話術。
- 碰到不同狀況時該如何應變。
- 對於各種城市建設未來發展願景有基本的了解。
- 認識競爭者，以及其他業者的交易情報。
- 學習基礎的心理學，以及不同的業務技巧。

最高階的學習：

- 了解國家和世界新聞，可以和不同的客戶侃侃而談。

- 廣泛閱讀，充實自己新知和視野，可以和客戶言之有物。
- 將心比心、以客為尊的高階業務技巧。
- 理財規畫的專業，可以為客戶量身打造不同投資策略。

　　我自己本身，非常熱愛學習，二十九歲那年，就是上了成功學的課程，才改變我的人生。往後的日子，即便我工作再忙，也會長期保持閱讀的習慣，我看書的速度不快，因為我會花很多時間思考內容，唯有書本內的知識經過思考消化後，才算是自己的東西。

　　我還特別喜歡向強者學習，因為人家比我強一定有他的道理，碰到強者，我一定虛心求教。我想和強者學習，也不一定要面對面請教，許多成功的大師級人物，例如勵志大師，許多都發行自己的有聲書，以及演講DVD，或者在網路平臺也可以下載到資訊。我經常透過網路和這些強者學習。對於經典的講演，我會反覆的看，例如陳安之先生的演講，我就很喜歡，也再三的看他的

影片學習。

但對於比較不強的人，我也不放棄學習的可能。因為人皆有專長，即便業務力較弱的人，也可能在某個領域有我可以學習的地方。當我願意向不強的人學習，他們也會感受到我的熱忱，覺得我都已經那麼厲害了，還願意跟他學，他也會對你衷心感到佩服。

這個社會就是所大學，我們修的年限沒有限制；人人都可以是我們的教授，任何領域都有我們必修的學分。

我希望我的業務團隊，每天都在學習，並且運用在我的客戶上。當我聽到客戶們稱讚我的團隊很專業，就是我最快樂的事。

任何的缺點，
都是另一種優點

　　平常我總是不間斷的汲取有關房屋的新知，包括和地方建設相關的新聞報導、政府的各項政策、法令改變，以及和房屋買賣各種相關的統計數據。對於我自己的手頭上的物件，不論有幾十間，甚至上百間，我都將資料記得滾瓜爛熟。

　　並且我的習慣，每當我想銷售一棟房子的時候，我一定會找出這房子的十個優點、十個缺點。

　　所有房子一定有優點，並且必須用最有特色的方式呈現。例如，這房子的採光非常的好，當每天清晨醒來，沐浴在這道光線下，往往會心情變得很好；例如，主臥房的視野非常良好，連遠處的青山都可以映入眼底。

我不是背誦這些優點，而是完全「認同」這些優點，就好像是我自己的孩子，我清楚他們的優點，並且我引為傲，以好東西要和好朋友分享的心情，把這些優點介紹給客戶。往往客戶也因此能夠感受到我的熱情。自然而不做作。

那為何要記得十大缺點呢？

房子沒有十全十美的，某個你認為的缺點也許在對方眼中看來是優點。然而，一個好的業務一定要做到的，不論客戶問什麼問題，你都要早已成竹在胸。

當客戶說：「你這間廁所似乎比較小。」

最糟糕的反應是：「有嗎？這廁所有小嗎？」彷彿你也是第一次到這房子來，搞不清狀況。另一種情況是，和客戶辯論，這也是常見的情形，當客戶提出問題，業務第一態度就是防衛，告訴客戶：「不會啦！這廁所不會小，是你的錯覺啦！」一旦客戶覺得你迴避問題，和他變成敵對狀態，那他就會降低購買意願。

我的作法，在我心中早已清楚明白客戶可能會有哪

些疑問。當客戶一問到，我就立刻回應：「這位先生真
的很厲害。的確，這間房子有一個缺點，就是這廁所可
能小一點，但其實小歸小，並不妨礙如廁作息。當初的
設計，因為要在有限的空間，讓主臥室更寬大些，所以
犧牲了些廁所空間。以同樣的坪數來說，這間房子起居
空間有比一般房子大，這也是對住客來說很大的優點。」
不論客戶是否接受廁所比較小的事實，至少，客戶信任
房仲真的對這房子是了解的。

　　甚至有些時候，我會因為客戶一個眼神，看到某些
個角落，我心中知曉，他看到某個問題了，只是不想發
問，也許就會因此放棄這房子。此時我反而會主動和客
戶說：「也許你也已經發現，這房子本身格局雖不錯，
但有一個小小的缺點，那就是廚房形式和一般家庭不同，
其實，這廚房雖然狹長了點，但實際在廚房作業，其實
一點都不會影響烹煮作業，當初的設計，也是希望留多
點空間給飯廳才會如此規畫。」

　　我在銷售房子時，絕不強迫推銷我的觀念給客戶。
相反的，我會試著以客戶角度想事情，看什麼是對他們

最好的，再導引他們聽聽我的建議。最常見的例子，客戶想租房子，我和他們具體分析，與其花同樣的錢，每月租屋，還不如真正擁有房子。或者，可以以投資理財的觀念，趁現在這間房子比市價低時買下來，一兩年後保證你獲利好幾十萬。

以這樣的互動形式，我的成交量持續增長。

被我服務到的客人感到滿意，我的業績也總是保持在長紅的狀態。

讓成功
成為自己的一部分

有沒有什麼百分百一定成功的銷售術呢？

答案當然是沒有。

我曾看過許多的書籍，研究過不同行業的銷售高手成功之道，結論是每個人成功的方法都不同，甲成功的模式，不一定可以套用在乙身上。但所有業務冠軍絕對有一個共通的特點：

成功的因素，在於讓成功成為自己的一部分。

我從來沒看過，銷售冠軍會說：「終於下班了，我不用再賣這鬼東西。」因為，銷售的最高境界，就是和你的產品完全融入在一起，你是真正熱愛的你的產品，

你甚至不覺得那是工作，你只是把一個好的東西，自然而然的和身邊的人分享。

成功的銷售，永遠來自於內心真正的強烈認同。

相信我，若一個業務員，一心只關心自己的業績，只希望客戶趕快掏出錢包拿出信用卡刷卡付訂金吧！那客戶一定也會感覺得到。那是種無法言喻的感覺，若要打個比方，比較像是潛意識的力量。

儘管你的臉充滿笑容，親切有禮。但你內心催促客戶「不要廢話，趕快付訂金」的「心聲」，正以某種宇宙法則，傳送到客戶內心裡。然後終究讓客戶感到不自在、不快樂。

我非常相信潛意識的力量。

當手中有一個物件，我會把它當成一個務必要達成的任務。我一定會每天去看那個房子，而且我會常常問自己：「這麼完美的房子為何賣不掉？」

這個念頭非常強烈，在還沒有賣出去前，這念頭揮之不去。

　　我會一個人坐在房子中間，非常用心並持續的思考著：「我要如何賣掉它呢？」……

　　如果有人問我，有沒有什麼保證能將房子銷售出去的祕訣？若一定要說的話，那運用潛意識力量可能就是答案。

　　我很少有賣不掉的房子，一間房子只要由我經手，我告訴自己，「一定要」「想盡方法」把它賣掉。那種強大的意志力，一般人一定很難體會。但這就是銷售的必勝心態。

　　我甚至在還沒賣出前，每天從上班起，見到每一個客戶就是在做銷售此房屋這件事。

　　你想想我後來會成功嗎？

　　當然會，因為成功已經化成我的一部分了，我怎可能不成功呢？

任何人
都是我發名片的對象

以業務來說，如果以死硬的腦筋思維，當客戶要求的是Ａ規格，我就提出甲產品來符合他的需求，如果客戶不滿意，我就換成乙產品，再不滿意，我因為手頭上只有甲跟乙兩種產品，所以我就無法提供滿足這客戶需求的產品。

但新的思維，客戶要求的是Ａ規格，我也可以建議他Ｂ規格更好，或者也可以用Ｃ規格。如此，就可以源源不絕的創造商機。

就以房子業務來說，誰是我們的客戶呢？答案是，每個人都可以是我的客戶。

一個人，可能會有租房子的需求，或者會把房子出租的需求。一個人，也可能會有買房子的需求，或賣房

子的需求。就算一個人沒有房子要買賣，也沒有房屋出租的需求，那他總有想賺錢的需求吧？此時，我就可以說服他「投資」房地產。

所以，每個人都可以是我的客戶，因為沒有一個人不想多賺一些錢！

關鍵在於轉變不同的思維模式

另外，有時候人們也會問我：「不一定每個人都是客戶吧？」

我在做業務時，有個基本的習慣，就是廣發名片。一般人發名片的方式是，在不同場合，看到「潛在客人」或者「適合的人」就發名片。但我的作法不是這樣。

我發名片，是逢人便發的。有時候純粹發名片，說聲請多多指教，有買屋賣屋或投資需求可以找我；有時候，還會附上宣傳 DM，把最近手頭上的物件附上去。

有人看我到處發名片，包括老人、小孩、學生，還有看起來穿著很寒酸的人，我全部一視同仁，這時有人

看到就感到很好奇，質疑我這樣廣發名片的意義。

我於是告訴他們：「只要是人，就可能有需求，不要用自己的預設立場來設定需求，因為商機往往出現在你原先沒料到的需求上。」

大約是民國九十五年，我進入房地產的第二年，有一天我接到一通電話。對方說：「我想買一間房子投資。」於是我就帶這位來電的張先生去看了房子，當天他就跟我購買了一間兩房的房子。

簽約後，我問張先生：「請問你是看我哪一個廣告找到我的啊？」

張先生說：「我兒子有一天去 7-11 買養樂多，回家後就拿著你發給他的名片給我，剛好我也想投資，於是就打給你啦！」

所以，誰說名片一定要發給某些特定對象才行呢？

會在意名片發放對象的人，基本上有兩個心態：第

一、基於成本心態，覺得廣發名片很浪費錢。但，平心而論，印一盒名片會花你多少錢？只要當中一個客戶可以成交，收入就遠遠抵銷所有的印製成本。第二、基於物以稀為貴的心態，認為如果隨處發名片，那就是對客戶不夠尊重，太隨便了。但我的觀念是，人人都是我的客戶，都是我願意服務的對象。我以禮待人，怎麼會不夠尊重呢？

在初入房地產業這一行時，發名片是我一個重要的客戶開發來源。即便我現在已經是億萬富翁，發名片仍是我視為業務不可或缺的基本功。

我會要求我的團隊，每周一定要留一些時間，在人潮匯集的場合裡發名片。一次至少發兩個小時，場所包括人流多的公共場合，如賣場、便利商店門口、商業大樓附近等等。

誰知道，下一個成交的客戶，此刻正拿著你的名片，正準備撥打電話呢！

大量的發出你的名片，是成功的不二法則

　　銷售汽車世界第一的喬吉拉德先生，他說他的冠軍祕笈就是大量的發出名片；銷售房地產世界第一的湯姆・霍普金斯也說，他的冠軍祕笈也是大量的發出名片。讓所有的人認識你，只要是他每天見到的每個人，都應該要發名片給他，而且不論男女老幼。

　　提到發名片，在業務界，還有一個很重要的理論，叫作「珍珠理論」。

　　經過研究，100 個貝殼裡面，大約只有三顆珍珠。這理論也適用在業務市場。以房地產業務來說，也就是說每 100 個客戶裡面可能只有三個買方，每一百間房屋也只有三間適合投資。我們無法知曉，哪三個客戶，會

是你的準客戶。我們只能盡力服務好每一個客戶。而透過名片，則是在短時間內可以接觸到最多潛在客戶的方法。

特別是若以張貼廣告的話，因為環保相關法規，現在任意張貼廣告可能會被罰款。相對來說，發名片就沒有這問題。和人們介紹自己，永遠都會有商機。又怎知道，或許哪一天在路上拿起你名片、打扮穿著不起眼的老先生，卻可能是擁有許多房地產正要找尋專業房仲的賣方呢？

也曾有業務人員請教我：「到處發名片會有什麼負面影響嗎？」

發名片哪會有負面影響？頂多就是對方不拿，或者有的情況，對方當面把你的名片丟在地上。但我沒碰到因此對我惡言相向，或其他有涉人身攻擊的不禮貌回應。畢竟，我只想介紹我自己，希望有機會幫你服務，對方有什麼理由攻擊我呢？

至於被拒絕，那反倒是最平常的事，拿到名片在你面前丟地上，跟拿回家再丟垃圾桶，其結果是一樣的，

二者的反映頂多只是對方做人的禮貌，但不會影響我們的誠意。而依珍珠理論來看，只有在一百張發出的名片裡，有三個把這名片保留下來，並且真正和我們聯絡。那我們的辛苦也就值得了。不是嗎？

　　多開發客戶的管道，除了貼廣告，發名片外。還有很多方法，包括參加各種社團集會場合、透過社交活動交新朋友，或者朋友介紹朋友……等等。

　　特別是透過朋友介紹朋友，是我業務拓展的一大管道。然而朋友會介紹朋友，關鍵還是信任你的服務，信任你的專業。這種信任來自於長期的經營。人脈也是靠經營而來的。

　　我們應該經營我們的名聲以及人脈，如此你不用找業務，業務也會找上你！

掌握人心，
掌握業績

　　我本身不是個口才很好的人，但我懂得基本的對人尊重，以及與人為善。

　　我的學歷不高，所以這些道理都是來自於生活經驗。特別是在我十九歲到二十九歲間，於酒店擔任那卡西彈琴工作時，學到了很多道理。或許有人好奇，酒店那種場合，龍蛇雜處，出入都許多都是不良分子，在那邊可以學到什麼呢？

　　我學到了察言觀色，以及忍耐工夫。而對一個優秀的業務人員來說，懂得察言觀色，以及如何順應不同個性的客戶，正是可以成功取得客戶信任的重要技能。

　　如同大家所知道，酒店出入的分子複雜，我們擔任彈琴的，是個小角色，有時候客戶酒喝多了，脾氣一來，

難免為把氣出在我們身上。如果不懂忍耐，三天兩頭和客戶起衝突，不但工作不保，還可能惹麻煩上身。

因此我從十九歲，就懂得這那樣的環境下，恭敬有禮，以客為尊。我要懂得取悅讚美客人，但如何說好聽話，又不要聽來太虛假了，從那時候我就養成好習慣，時時去留意每個人的優點，當你看多了各式各樣的人，你就會發現，每個人一定有其重視的優點，自然的強調他的優點，就會獲得好感。

那個年代，還沒有 EQ 這個詞，但我的確在那時就在涵養我的情緒管理。當客戶發酒瘋時，不要驚慌失措，當客戶言語得罪了你，也要懂得一笑置之。

工作十年來，碰到的狀況也不少。曾遇到兩派人馬彼此看不順眼，就要打起群架，也曾碰過黑道大哥談判，氣氛凝重，空氣中充滿肅殺之氣。還有一次有個大哥，喝醉了亂點歌，點了一首，我正要彈，他卻又說不是這首，我請他重選，他又點另一首，當我要彈時，他又說不對不對，要換歌。如此一而再再而三的換了七八首，都沒確定他要我唱什麼。我一時沒做好情緒管理，擺出

不高興的神色，當場那大哥也變臉了，在我感到不對，整個人嚇到僵住的時候，那大哥起身走人，回頭忽然把麥克風朝我摔過來，好險沒正面打到。

就是類似這樣的經驗，影響了我日後擔任業務的應對進退能力。至而今，我在職場上的 EQ 始終很好，我從不和人吵架，也不去與人為敵。因為我知道吵架，不愉快這類的事情，只是在浪費時間。

每個人有不同的人生經歷，也許你的經歷中，也有幫助你未來可以成為成功業務的因子。每個人只要以學習面想事情，然後記住，

業務的學問，就是人的學問。掌握人心，就掌握業績。

chapter

3

快速成為億萬富翁的
關鍵密碼

房屋投資篇

利率，
是影響房地產漲跌的關鍵

投資，最重要的是風險的掌控。

股神、經營之神，以及理財的頂尖專家，能夠遊走於錢海之間，洞悉高低起伏間的祕辛。賺取常人一輩子也無法賺到的高報酬，背負的是常人難以想像的高風險。

我主張人人都可致富，但我不鼓勵人們去冒傾家蕩產的風險。我本身也曾兩次前進股海以及期貨之海，深深了解那種由高處跌到低谷的痛楚，知道那不是一般人值得以身家冒險的領域。

但我以自身經驗證明，即便負債累累，透過最正確的投資，還是可以賺取高報酬，而這個我極力推薦的投資項目，就是房地產。

房地產，有沒有風險？

房地產當然也有風險。但房地產的風險，不是那種做空做多等等的技術性操作風險。

影響房地產漲跌最重要的關鍵，就是利率。

如果，將臺灣從光復以來的整體房地產發展畫成一條曲線，這條線絕對是往上的正斜率曲線。

歷史證明房地產基本上是不太會大跌的，唯一的例外在民國八〇年代。

原因，就在於房貸利率。

從民國 83 年開始，有長達 10 年的時間，是房市的黑色年代，此時，房貸利率最高曾達 15 ～ 16％，一般人要買一棟四、五百萬的房子，若貸款九成，那麼光是利息每月就要繳 41000 多元，這已經教人喘不過氣了，更何況還要加上本金，每個月繳款金額要高達 7 萬多元，以一般國民的所得，根本就無法負擔。所以後來才造成房價大幅下跌。

　　直到整個金融市場，因應房地產不景氣，逐步降低貸款利率，最低還曾降到 1.325％，此時，少了高房貸利率這個不利因素後，整體房市就開始止跌回升了。

　　我是在民國 94 年時踏入了房地產，此時也是雙卡風暴發生的時候，那年的房貸利率最低便是 1.325％，之後房市漸漸回溫，熱錢再度湧入房地產。房價緩步上升至民國 97 年時（利率約為 1.5％），此時發生金融海嘯，房價大約小跌半年後又繼續上升。到 99 年時（利率約為 1.6％），發生了歐債危機，同樣緩漲了半年後房價再度上漲。

　　100 年時（利率約為 1.8％），桃園房價大約是 94 年的翻倍，政府為了打房實行奢侈稅，造成買方及投資客們觀望，買氣停滯約半年，但是房價並沒有因此而下跌，依舊緩步上漲。

　　101 年時（利率約為 1.9％），實施了實價登錄，房價及買氣同樣約有半年的時間持平，而後又繼續上漲。

　　103 年又增加了未來要實行的房地合一課稅政策，

一路到了104年，經歷了那麼多「房市危機」，房價卻持續不斷的上漲，對比我剛入行時（94年）桃園房價上漲了200％以上，而現在房貸利率也不過2.2％左右而已。（見下圖）

所以我敢說，影響房價最大的主因並不是那些所謂的危機，而是房貸利率。

　　當利率低時，大家都繳得起，房價又怎麼可能會下跌呢？只要利率夠低，我認為房價絕對會繼續上漲。我來下一個定論……只要房貸利率沒有超過 3.5％，房地產是不會大跌的……。

　　所以，只要利率沒超過 3.5％，投資房地產，絕對是追求致富之路的人，最正確的選擇。

學會投資，
比努力重要

　　我比別人勤勞，所以一天可以比別人拜訪更多客戶。

　　我比別人專業，所以客戶都信任我，願意將房子委託我處理。

　　但即便我勤勞又專業，要成為千萬富翁，可以。但要成為億萬富翁，似乎距離比較還是遠一些，就算我一個月收入賺 30 萬元。一年也才賺 360 萬。扣掉花費，一年也存不到 200 萬；10 年 2000 萬；20 年後 50 歲了，頂多也才存 4000 萬

　　所以，要成為億萬富翁，光靠業務力還是不夠了。

　　業務讓我從 0 變成千萬富翁。

　　投資則讓我從一個千萬，變成更多個千萬，乃至於億萬。

有一天夜晚我正在辦公室整理資料。

一位四年前跟我買了一戶寶慶路的房子的大陸新娘陳小姐來找我，他拿了一個大禮盒送我。

她說：「呂總，感謝你 4 年前幫我用 5 萬元自備款，買了這一間房子，當初買 240 萬，現在仲介打給我說有客戶 500 萬要跟我買，我這 4 年光房子就賺了 260 萬，這一輩子從來沒想過，也不可能會存到這麼多錢。如果只是工作，是不可能會存到這麼多錢的，你是我這輩子的恩人。」

而且我建議陳小姐說，把房子再增貸出來，增貸 150 萬，繼續投資另一戶，這樣你就有 2 間房子了。

她也二話不說，馬上聽話增貸，購買了人生的第二間房子。

類似這樣的劇情，經常在我身邊上演。從 5 萬元自備款，竟然變成 2 間房子，這是不是太神奇了？

其實投資一點都不難，難的是不肯改變舊觀念，不肯接受專業人士的新想法，新建議，不敢拿出勇氣去嘗試。

什麼是最好的投資？

最低的風險＋最穩健＋最高的獲利，就是最好的投資標的了。

很多人經常都問我，有沒有穩賺的投資？

我說，穩賺的投資一定有，例如定存、保險啦，都是穩賺的投資，但是每年只有1點多％的報酬率，透過通貨膨脹的侵蝕，等於沒賺。

股票或期貨市場或外匯市場，有可能短期致富，但是相對風險也很高，也有可能一夜歸零，完全就是一場人生的豪賭，而且投入的當下，還會擔心害怕，茶不思、飯不想、睡不好。

那什麼是「最低的風險＋最穩健＋最高的獲利」產品呢？

當然是只有房地產啦！

投資房地產，最高的風險就是：萬一賣不掉怎麼辦？

賣不掉就出租掉啊！

當包租公包租婆收租金，這就是最高的風險。

那最大的獲利就是：跟著重大建設投資，跟著他增值，賺取另一分可觀的投資收入。

最高的風險就是，「買屋租人」，當包租公（婆）。

最大的獲利就是，「增值賺價差」。

還有什麼比投資房地產更好的呢？

改變以前的思維，改變以前的觀念，你的收入就會跟以前不一樣。

幫助客戶，
就能創造最大業績

如果某件事，大家都是這麼做，但結果大家都沒賺到很多錢，那就要想想「大家都這麼做」這件事對不對。

比如，大部分人都是上班族，但上班族似乎很少能夠成為大富翁，所以我改為做業務。又如，同樣是做業務，但以房仲來說，「大家都這麼做」的方式並沒有造就很多富翁，當碰到不景氣時，有許多仲介公司還倒閉。

所以，我必須改變業務的模式。

改變模式，是在我進入房仲產業的第三年發生的。當時，我雖然是房仲，但不是像現在這樣的房仲連鎖企業集團，而是隸屬於投資公司，我們只賣自己所屬建設公司的產品。

　　某天，有個陳大姊走進我公司，她說她有間房子要賣，大概只要賣 295 萬，而且是三房加一個車位。

　　但我跟這位陳大姊說，我們不是房屋仲介公司，而且我們只銷售自己公司的房子喔。

　　但她還是非常希望我們能幫她賣房子。

　　她說：「我這間屋子，已經委託其他仲介，賣了一年都仍賣不掉。我有去問過市場消息，知道你們賣房子比較厲害，所以還是想委託你們幫忙。」

　　當時，我持續在上成功學的課程，我記得上課時，老師有一再強調：「一個成功的人，通常也是懂得不斷幫助別人，懂得不斷付出、懂得不斷提供專業的人。因為這樣的人有熱誠，並且這樣的人能夠培養更多人脈。」

　　於是我決定去說服我的經理。

　　我跟經理報告：「這位陳大姊的物件，只要求賣二百九十五萬，但其實我們自己公司的房子，光三房附一個車位的就要賣四百五十萬了，如果我能承接她那棟房子，保證可以很快的賣掉。」

　　我接著說：「像這樣的房子，雖然不是公司的獲利

來源，但成交的速度快，加減都可以幫公司增加獲利。交給我們做，也並不會影響原本的業務。」

經理覺得我說得有道理，馬上和公司回報，也獲得高層同意後，立刻授權我可以承接非公司本身的物件。

我當天接下案件，當天就馬上大給我手上原有的客戶進行案件配對，不到一星期，房屋就賣出去了。陳大姊也嚇一跳，驚訝的說：「我賣一年都不能脫手的房子，你一星期就賣掉了。」

之後，陳大姊也表示要和我長期合作。

原來，她本身是位成功的企業家，手中有足夠的資金。她告訴我，房子賣出去的這筆錢，她也沒什麼急用。倒不如把資金再拿去應用做投資，她要我幫她去物色一下市場上有什麼好的物件。

於是，我就開始去幫她尋找可投資的物件了。

那是我第一次以「房屋投資」的角度，而非單純「房屋買賣」的角度，幫客戶買賣房子。

我替她找到兩棟價格約三百萬的房子，透過銀行，兩間房子我都幫她貸出了９成的貸款，兩間過完戶後，

才經過一個半月，我就又幫她找到新的買主了，然後兩間都以高於買價兩成的金額賣出，讓陳大姊短短半年內，透過我這樣前後幫她賣了三間房子，就淨賺2百多萬。

陳大姊，真的就如她當初所說，成為我的長期客戶。從此，我也開始學會了投資房地產之路。

直到今天，我還是持續為這位陳大姊做房屋投資服務，八年內買賣超過兩百間房子～與陳大姊認識時，她本來只有100多萬的現金，如今已是個億萬富翁。不但擁有十五間出租房子，還有持續進行中的房屋投資事業。

與陳大姊合作，讓我開始了解，透過「轉換客戶需求」，可以創造更大的業績。

一開始我站在自己的角度思考，想著「如何幫自己賺更多的錢」，於是讓租客變成買客。之後，我又發現，幫助客戶賺更多錢，你同時也就可以幫自己賺更多錢。

如果所有的投資，都是靠自己的資金買與賣，那麼

一方面資金有限，你投資的格局有限制，二方面，你只能服務自己，沒有做到「為人服務」這部分的貢獻。

我喜歡幫客戶投資。

因此，我一開始是幫助租客變成買方；後來則是幫助所有的人投資房地產致富。

正是因為我轉換了客戶的需求，任何人都可以是投資客。**一個人也可以同時是租客、買客以及投資客**。只要懂得轉換客戶需求，你將發現，業務之路是無比的寬廣，有趣！

該不該借錢來投資

很多人都會問我這一個問題，到底該不該借錢來投資呢？

我的回答是：「如果你的月收入支出貸款沒問題，加上投資獲利高於借貸的利息 8 ％，那就一定要借錢出來投資囉！」

舉例來說，如果你的月收入 4 萬借了一筆信貸 50 萬信貸每月負擔 1 萬那你每月還有 3 萬元生活如果沒問題就應該要借出來投資。

如果你的信貸利率 6 ％，而你的投資獲利一定要高於 14％以上這樣還可以投資獲利（套利）至少 8 ％，若是低於 8 ％以下，那就有點做白工，因為你還要扣掉銀

行的手續費及通膨的利率……。所以，如果只是在幫銀
行打工，就不建議借出投資了，所以一定要學會培養信
用借出低率的信貸。

或者若是你有房屋有可借貸的空間的話（目前房貸
利率約 2.2% 左右），那更划算，一定要借出房貸，進
行穩健的投資。

只要你的獲利可以保持在 10% 以上，那就等於你是
在借銀行的力量，每年多賺 8% 的獲利，壯大自己的荷
包喔！

過往我曾經在和朋友們聊天時，發現到他們有個錯
誤的印象，認為投資客是不道德的，是投機取巧的。

這是很大的誤會。我想，許多人把投資客和投機客
混淆了。

投機，是一種短期的，和生產力無關，純數字作業
的買空賣空，最常見的是股票和期貨市場，會有相對風
險性。

　　但投資和投機最大的不同來自於——投資是一種把自己辛苦賺來的錢好好的放在一個可以讓它產生保值及增值的一個善的行為，並且對未來會產生希望，進而更加開心的生活並努力的工作著。

　　這樣的觀念，我也是逐步體會。並且一旦了解每天從事的工作，既可以讓自己賺錢，又可以幫助更多人，我的工作熱誠更加熾熱。

投資房屋必勝三心態

買賣房屋，對我來講，已經像是生活的一部分。現在的我，幾乎每天醒來的每一刻，就是投入這件事。每一年，我和我的房仲團隊，成交的戶數都以好幾百戶計，每個月都有數十戶在買賣。光我自己投資的物件上，以出書的這個月分來計算，就有四十八戶房子，以及一塊5400坪的土地正在銷售中！

許多人好奇，我買賣房子為何看起來那麼快，那麼容易。好像是我天生就有類似「第三隻眼」的特異功能，可以一下子找到想要的房子。

這裡告訴讀者，我沒有特異功能，我買賣房子比一般房仲快，靠的是三件事：

第一、我很勤奮

對於買賣房屋這件事，我有無比的熱誠。

對於投資房地產這件事，我有無比的熱誠。

對於幫助別人從房地產致富，我有無比的熱誠。

就好像對於金錢有渴望的你，如果面前有筆合法的大金錢，要奉上給你，你會不心動，你會不「立刻」行動嗎？

我每天起床，就是抱著這樣的熱誠出門，我幾乎迫不急待投入我的工作。因此，當一聽到有什麼人要買房子、賣房子，不論時間是清晨還是夜晚，也不論外頭天氣是好是壞。我都能立即行動，或者指派我的業務立即處理；包括看屋、蒐集資料、接洽客戶、確認細節、完成交易，所有的環節，不拖延，手中有房子，就是日夜不停的把整件事辦到好為止。

這樣的工作模式已經持續了十年，也因此我對看房子以及各種房地產投資交易流程非常嫻熟。經驗越積越豐富，看屋的速度也變得更快。

勤能補拙，相信任何人，只要願意像我這麼勤奮，也一定可以成為投資高手。

第二、我清楚自己的立場與標準

買屋看屋，對許多人來講，是非常辛苦的事。常常聽到朋友說，為了買一戶房子，看了好幾十棟房子，每戶都或多或少有那麼點不滿意，不是覺得風水格局不好，就是感到周邊生活機能不足；或者房間大小、窗戶視野、廚房位置等等，總之，很難找到滿意的。為了看屋還得經常和公司請假。

看屋實在是很累人的事，我看屋難道不累嗎？

其實，我看屋也同樣要看幾十間甚至幾百間。但我清楚自己的立場：我不是以自住的角色買屋，我是以投資人的角色買屋。

以自住的立場買屋，就是要達到心目中 100％的標準。因為你可能是投入一生的積蓄，且將來大部分時間要住在這裡。但以投資的立場買屋，看屋只要達到七八

成滿意就好。

因為每個人的觀點不同，你認為不滿意的，卻可能是別人滿意的，不要只站在自己角度想事情，不同的房屋自有不同的買家。

所以我買房子，不用像一般人那麼一定要追求完美，因為世上沒有絕對完美這件事，只有因人而異的需求滿足。

一戶房子只要有七八成喜歡我就買，因為其他２～３成不滿意的部分我就用價格來滿足啦～因此買屋的速度也比一般人快。

第三、我善用組織的力量來做事

一個人的力量有限，所以一定要組織團隊。

擁有團隊的人，才能夠做大事業，所以需要以企業的形式，輔以訓練、輔以制度，輔以企業精神。

我善於運用團隊、運用組織來買屋、賣屋、投資房屋。

一般的房仲公司，雖然也有團隊也有組織，但我的

團隊更要求訓練和相互合作，而非只是一群各自為政拚業績的競爭者組合。而且我多了一個專業的投資團隊：這個團隊的人只專心的做一件事，就是尋找市場上最便宜的房子！

當客人交付一戶房子給我時，我不只靠我的專業去幫他銷售，我也會教導我的整個團隊，一起幫他銷售。

同樣的，當客人委託我們幫他物色投資標的，我們也是有整個團隊一起投入。

我們的速度快，這是理所當然的。這就是所謂的專業。

對於一般投資人，要如何做到最好投資效益呢？

最好的方法，是找專業的團隊，幫你做買賣。但由你來訂出原則。如同我所說的三個達到致富理財完成買賣的方法：你可以找一個最勤勞的團隊，幫你找到七、八成滿意的房子，然後透過該團隊的力量，把房子以最能獲利的方式賣出去。

投資房屋必勝三步驟

進入房屋買賣，是在我二十九歲那一年。

而幾乎在我進入這行的同一個月，我就知曉，投資房屋比單純買賣房屋要能夠獲得更大利潤。

我的標準作業模式，在此也不吝和大家分享。

【步驟一】購買一間比市價低至少一到兩成的房子。

【步驟二】將這間房子加以裝潢整理，讓它有著更好的價值。

【步驟三】把房子以比市價高的行情，或者至少等同於市價的行情賣出。

是的，就是這麼簡簡單單的三步驟。可以簡單用四

個字表達，那就是「買低賣高」。

聽起來，很簡單。實際上做起來，若能依照本書的標準執行，也不會很難。

【步驟一】買比市價低的房子

以同一個區段來看，房屋 A 比起房屋 B 價格要低，可能原因很多，包括房屋本身未整理，但更多是因為原屋主的狀況，如果是房屋本身問題，那也是可以克服改善的問題。

【步驟二】整理裝潢房子

將房屋 A 適當的整理，讓其價值超越房屋 B。

【步驟三】以更好的行情賣出

假定我們買的房子區段，一般房價的數值是 100，而我們買進的數值是 80，以比例換算，整修房子的成本數值是 5：

房屋投資成本＝買進成本＋裝修成本

80 ＋ 5 ＝ 85

房屋賣出收入＝以略高於行情價賣出＝ 110

房屋投資利潤＝ 110 － 85 ＝ 25

以上只是以假定短期內買賣的方式計算，若以中期投資概念來看，投資利潤還要加上房價上漲的投資效益。

買賣房屋只要能夠依照這三大步驟，並找到勤奮的團隊，為你做房屋交易，絕對可以達到投資致富的目標。

投資房地產是最佳理財選擇～ 因為房價只會大漲小回

　　我本身是個經驗豐富的投資人，也曾在股市期貨等不同領域做投資，獲得慘痛教訓。我以本身例子，證明投資房屋是最佳的選擇。

　　或許有人會問，為何房子是最佳選擇。房子難道不會像股票一樣起起伏伏，答案是，房子的確不會像股票一般起起伏伏，並且如同我在第一章所提過的，房子是進可攻退可守的最佳投資標的，握在手上可以漲價，若要自住或租人也都可以。

　　房地產投資不會起起伏伏，這是因為房地產投資，靠的是實質面的價值，而非數字遊戲。當我們買股票時，可以看到股票的數值是一條複雜的有高有低的線。有可能今天升到高點，明天又降到低點，雖然有許多的專家

在研究股票，但世上沒有人可以真正百分百準確預測股票的波動。

　　房地產不同，首先房地產每一個都是單一個體，因此不會有所謂炒手來炒作空頭或多頭。今天我們買任一支股票，其後面有成百上千人在供與需間拉扯，有拉扯就有波動，有波動就有投資風險。但房屋不同，今天甲房屋的買賣，買方和賣方就各只有一人，乙房屋買賣又是另一組買賣的對象。單純，沒有高低起伏的風險。

　　再者，房屋的價值，絕對是依照實質面的狀況。也就是說，一個房子房價若上漲，是因為該房子所屬的地區，整體變更繁榮，以及房子更搶手。除非房子本身有嚴重問題，所以絕不會發生整個地區更繁華進步，房價卻越來越下跌的情況。

　　我一直強調，或許短期內，某些地區會因個別的因素，可能影響房價小幅下跌但整體來說，房價一定是持續上漲的，自臺灣光復以來，這個定律從來沒有～變過。房價整體只會越來越高，原因很簡單，因為社會越來越

繁華。

　　這裡在繼續分析，房價會漲的三大論證。房價會漲的關鍵，是因為大家都希望房子漲，而誰希望房子漲？

　　第一、百分之八十的自住客都希望房子漲。有任何聽過誰擁有房子卻希望房價跌嗎？或許有人會問，股票持有者也是希望股票上漲。但不同的是，股票分成太多的股分，單一個人雖然希望股票漲，但人微言輕，卻沒有影響力，真正的影響力來自大投資人，若投資人想做空，那單一股民也無能為力。但房子不同，單一房子的買賣，沒有什麼大投資人的影響，大家都希望房子增值，整體形成一種庶民的希望，況且房價下跌不要賣也可以自住或租人。

　　第二、百分之 20 的投資客都希望房子漲。會買房子的就兩種人，一種是自住，一種是投資。兩種人都希望房子上漲。

　　或許有人會問，股票也是有投資人。很多投資人都希望股票下跌，可以逢低買進啊！然而，不會有人希望

房子下跌他再去買進。因為房子若會下跌，只有三種特
例：

一、碰到特殊災難。好比說 2014 高雄氣爆事件，
這個災難肯定影響當地房價；然而以高雄氣爆來說，很
多投資人願意在此時買進價格下跌的房子，因為大家都
知道，氣爆只是突發事件，長期來看房價還是會回來。
以此觀點來說，其實投資人還是看好房價上漲的。

二、房子本身出狀況。最常見的是法拍屋、或者其
他諸如海砂屋、兇宅等問題。以法拍屋來說，其實法拍
屋也不一定價格比較低。至於海砂屋等，本身已不是值
得投資的標的，不會有投資人投入。

三、整個地區發展的沒落。如果整體地區都在沒落
了，那投資人絕不會在此投資。因為房子和股票不一樣，
有人為了搶短線，可以讓股票買低賣高。但房子不能搶
短線，一個地區沒落了，那房價就不會起來。投資人不
會希望「等房價下跌」再進場搶進。

第三、整個國家力量都希望房子上漲。不論是任何
政黨執政，沒有一個政黨會希望國家越來越衰弱。不管

是中央政府或地方政府都一樣。國家會透過不斷的建設，不斷的提昇經濟，間接也帶動房價上揚。

或許有人會問，政府不是在打房嗎？打房不就是在抑制房價？

政府的存在要顧慮民心，當大部分人都盼望房價上揚時，政府要違逆民意嗎？何況我們是民主社會，政府也不能直接干預市場。其實所謂打房，重點是在避免房地產炒作，但不是想阻止民眾買房，試想，若每個人買房子後，知道國家的政策是讓房價下跌，那誰還敢買房子呢？而政府若要打房，其實最簡單的方法，只要提高房貸利率就好，利率只要調升幾％，人民每月要繳的房貸將急速攀升，很快的，大家就都繳不起房貸了。

政府並沒有如此做，政府只是不斷的增稅＋課稅，也就是焦點只是想扼止惡性買空賣空的短期投機行為而已。

那又有人會問：「我們的房屋理財投資，算不算是

惡性理財投資（炒房）呢？」

　　當然不是，其實我們的投資，一定要依照政府的法規，並且我們的目標和政府一致，政府希望年輕人也可以買房，我教導的投資理財，也是鼓勵年輕人也能購買房子。政府不希望房子短期買賣，我們也鼓勵買屋的人，可以買屋擁有自己的資產，中期自住或出租，兩年後再賣出賺增值利潤。

　　當然，雖然整體房地產是看漲的，但如同前面也曾說過，有些個別地區，因發展落後，房價漲幅較小，甚至有特殊情況，例如偏遠的鄉村，整個村人口都外移了。這些其實都是特例，但除了這些特例外，整個臺灣，這10年來其實房價都是上漲的。

　　以房屋投資理財的角度，我們的重點在於如何快速成為億萬富翁，因此我們選擇的標的。一定是整體都市正快速發展，也帶動房子整體漲勢更快的。

　　更明白的說，我建議的投資範圍是在六都～

在六都中，有的城市已經發展到高點，例如雙北市，未來雖然會持續緩步上漲，但一方面臺北市投資價太高，二方面就算上漲也只是緩漲，所以不是我們建議的區域。有的城市，房價目前已經不低，但整個城市沒有明顯的大建設。這也不是我們推薦的投資區域。

因此，我們主力推薦的城市，主要是桃園市、臺中市。其中最大力推薦的是桃園市，不只因為這裡是我成長的地方，我對這裡房地產非常了解，也因為以建設面來說，桃園市可說未來臺灣建設發展的主力。臺灣繼十大建設後的最重大建設：航空城，落點在桃園、還有桃園捷運綠線、臺鐵捷運紅線以及已經升格為的六都（直轄市），有許多的發展計畫等等。可以說，投資桃園市，未來看的見。

掌握1低4高，
就是掌握快速成為
億萬富翁的密碼

投資房屋致富原則一：「一低：一定要買到市場成交價的八到九成。」

投資房屋致富原則「一低四高」中的一低，指的是「在條件相當的地段下」，你買到的價格，若比「一般行情」低，那就符合買價低的定義。

所謂價格高低是用比較來的，而不是純以總價，例如總價只有兩三百萬就叫低。如果買在偏遠地區，深山或荒野，那要買低價屋根本不是問題。但這絕不是我所指的低價。當沒有比較標的時，所謂高低價是沒意義的。

　　條件相當的地段，通常是指同一個商圈，同一個 BLOCK 群聚落，或者周邊幾條街被認定為同屬一個範圍的。以市場行情來說，他們的基本房價會是差不多的。例如這一帶的中古屋，都同樣是一坪二十五、六萬，或者這一區的房子大約都是每戶三十坪，一戶成交價在八百萬之譜等等。

　　成交價的查詢，主要是透過三種管道：第一，是政府實價登錄網，第二是房仲業者。第三是親自去問。

　　一般人不一定看得懂什麼是成交價格。通常在房仲業門市門口張貼的資訊、可以看到的資訊，只能當作參考，房仲為了提高交易價，張貼的廣告價格有可能是被加過水的，真正的行情，還是要和資深仲介深談。

　　至於實價登錄，目前政府網站公開的樣本不算太多，而如何判斷一個成交標的是和自己屬意的購屋標的是同等級的，也是一種學問。基本上，若房子是否屬於社區型大樓有保全安管，或是否是電梯大樓，有沒有停車位等等，都是影響房價的因素。真正的行情是什麼，還是需要專業判斷。

比較起來，若親自問來的資訊會比較準確，例如想買某戶房子，那就可以和同一棟樓的鄰居，或同一個社區的周邊住戶請教，或者和當地里長、以及每個社區都有個類似包打聽的熱心人士打聽，會取得更接近實況的情報。對於一般想做房屋投資的民眾來說，還是委託專業團隊，會比較符合效率。

如何買到低價房子？買到的房子為何又會比一般行情低呢？

依據我多年的經驗，房價會比較低的案例，大部分都是因為屋主本身的原因。最常見的三個原因：

①原房主缺錢

占所有低賣案例的 80％以上。可能原屋主做生意需要資金週轉，或者家中發生緊急狀況需要資金。都會讓屋主急著想將屋子脫手換取現金。也因此，願意以較低價格將屋子賣出。

②原房主不懂或不在意行情

另一種情況，和上一案例相反，原屋主可能因繼承

或者本身資產很多的因素，因覺得管理麻煩，想出清一些資產。他們可能本身財力雄厚，沒那麼嚴格要求賣價，只要可以早點把房子脫手就好。因此房子也可能以比一般行情低賣出。

③原房主要出國或移民

這種情況我也見過不少，包括原房主全家要移民海外，或者其他國家派駐臺灣的人員，任滿要回國等。一旦要離開臺灣，第一要求是速度，賣價反倒是其次。因此也可以以較低價和他們買到房子。

另一個讓屋價有降價空間的原因，就是屋子本身看起來缺點較多，較不受青睞。

一般投資客，很少能夠像我這般快速的累積成交物件，最主要原因，如同第四章說過的，是因為忘了自己買屋的立場，是投資理財，而非自住。投資買房只要七八成喜歡就好，至於那兩三成不喜歡，就用未來獲利來彌補。

舉實際的例子，我經常到處看房子，當碰到不同物

件時，經常也會遇到同行。常碰到的情況是，同樣一戶房子（暫稱甲屋），別人看了嫌這不好，嫌那不好，但我看了卻覺得雖只有七成滿意，但「有改善空間」，就決定買了。

一戶房屋如果在當地的一般成交行情是一千萬元。由於這個甲屋，比較不受青睞，我可以談判只用 750 ～ 800 萬價格就買到。之後我會用半年的時間，依據我的專業經驗，針對這房子整理，基本上，只要五十萬元，就可以讓整個屋子改頭換面。我的整理保證讓當初一起看屋的人，再次看到房子時會嚇一跳，怎麼變得那麼美。

原本看來沒一般行情價值的甲屋，現在價值至少可等同行情價一千萬了。而我以投資的角度，看準這一區房子再過兩年，整個行情都漲了起來。彼時這一區的房價已經漲到一千兩百萬了。這時我再以略高於行情價的一千兩百五十萬，將房子賣出。

投資成本 800 萬＋ 50 萬＋ 30 萬（各項雜支，包含稅捐及手續費）＝ 880 萬

交易價格＝ 1200 萬（屋主實拿）

投資利得＝ 1200 萬－ 880 萬＝ 220 萬

　　每個月，我和我的團隊，總共有幾十戶房子在買進賣出。因此所以每個月總有不少的投資獲利。可以說，以價格為優先導向投資，而不要純以個人喜好買屋，是我快速變成富翁的原因。

　　但經常投資人還是有以下兩個疑慮：

疑慮一：任何感覺不好的房子，都可以購買致富嗎？

　　關於這點，我要做基本說明。首先，購買房子，還是要有基本的淘汰原則，三種地雷屋：海砂屋、輻射屋以及兇宅，是絕對不會去買。

　　再者，買房子還是會看基本的地段（不會去買那種幾十年都沒有房子成交過的偏遠邊郊）。此外，我購買房子，不曾追求百分百滿分，只要有「七八成滿意」我就會出手了，但是如果連「七八成」都不到，我也是不會買的。

在此我要強調，所謂「感覺不好」，絕對是見仁見智的問題。這也呼應了以下第二個疑慮。

疑慮二：我覺得不那麼滿意的房子，真的賣得出去嗎？

從事業務工作十多年來的經驗，讓我知道一件事實，那就是，人的喜好有千百種，這世界可說什麼樣的人都有，一般人常見的錯誤，就是以自己觀點為標準，以為別人也是這樣，也就是因為這樣，大部分人會畫地自限，影響自己發展。今天，你不喜歡一棟房子，理由可能是覺得客廳太小了、陽臺太窄、房間隔間太小……，對於不喜歡的房子，你一定可以舉出「你覺得」是缺點的理由。

但實際情況是，有人就是喜歡客廳小一點，因為「他覺得」平常不會特別招待朋友來家，他寧願把空間多一點給自己的臥房。也有人就是喜歡陽臺窄窄的，比如，我曾經有位客戶是空中小姐，經常不在家，不用曬衣服，陽臺太大也用不到，還要擔心小偷入侵，陽台大還不如

窄窄的陽臺就好，或者是可以隔一隔變成室內一部分。
又或也有人就是喜歡房間隔間小，因為他單身 SOHO 族，
需要不同的小空間，作為工作與生活上不同的運用，也
需要小空間存放檔案作為倉庫。

我從事房屋投資十多年，看過數千個買家。多年的
經驗下來，讓我確信：每一種房子都會找到自己的主人。

在實務上，我們要如何找到符合「買低」條件的房
子呢？

第一建議，還是找擁有投資房屋專業的團隊。理由
有二：一是專業團隊有業務高手可以全天候為你尋找適
合的標的；二是專業團隊已經打下充沛的人脈網和情報
網資訊獲得最快。

如果一定要自己來找屋。那可以兩種方式：①委託
一般的仲介公司，協尋你要的房子，且要同時委託很多
家。在溝通時，就先講好你需求的條件，包含怎樣的價
位範圍，以及②可透過網路等管道，自行留意屋主的訊

息。再經過實地探訪，尋找好的標的。

所謂時間就是金錢，一個真正好的物件，你看中了，通常也會有其他人看中，重點在誰取得優先的議價權。而在談判的時候，也需要有經驗的仲介才能做洽談，才能取得更好的條件。

那麼，有沒有可能，我們買到的房子，不但滿意度是百分百，且一樣可以以低於行情價一到兩成買到？

只能說，凡事都有可能，但這種案例真的很少，一般來說，還是要房子有一定的缺失（主要是缺乏裝修），才有可能比行情價低一到兩成。而若真有這樣的房子，那更需靠專業投資團隊出手，才能為你爭取到這種穩賺不賠的標的。

1高：善用銀行貸款，小錢買大屋

投資房屋致富原則二：「第一高：貸款成數高」。

許多年輕人望屋興嘆，原因在於房價高。但大家都應該知道，買房子是可以貸款的，所以買屋最大的困難點，第一在於貸款成數，第二在於貸款利率。

貸款利息是銀行收入的主要來源，基本上只要有適當的抵押品，借方有一定的還款能力。銀行是非常樂意把錢借出去的。只不過在借和還之間，有許多的學問。一般民眾若直接去談，很難得到好的條件。

一個專業的仲介，一定會告訴房屋投資人，在買房子時，要先準備好什麼資料，作為財務證明，在談判的時候，優秀的仲介人也會用專業的溝通技巧，為投資人爭取到最好的投資條件。

一般人來說，銀行要貸款給投資人，要看的是「人」和「物」。人就是指投資人，也就是你；物是你投資的標的，也就是房屋。

以「人」來說，貸款的成數是這麼估算的：

①依金管會規定，（以雙北市及桃園市為例）一個人名下只有一棟房子的，銀行可以貸給屋主房價的八成。名下買第二棟的，只能貸到六成。名下第三棟的，只能貸到五成。

但還會考量到「人」的②財務狀況，銀行的貸款的額度，主要還是看借款人（也就是房屋投資人）的財力，可以負擔的能力。而財力的依據分為──「現金資產」（看銀行存摺之活存或定存銀行會視為買屋之自備款）和「每月收入」（看薪資轉帳存摺，或者去國稅局申請所得清單可證明你每月到底收入多少），以及「名下有無負債」（千萬不要有太多的負債，尤其是信用卡及現金卡千萬不要有餘額未清或者每月只繳最低金額，這樣是借不到款的，因為銀行會認定為你連幾萬塊都要分期

付款了，我哪裡還敢借你幾百萬的房貸呢？）；其他，包括若是在五百大企業工上班、軍公教人員，也可以讓借款人取得較高的貸款成數。

③其他特殊情況，例如符合青年首次購屋優惠條件的人，或其他政府提供補助優惠條件的人，但基本上，補助優惠重點主要是在貸款利率，而不是在貸款成數。

以房屋投資來說，更重視的是**貸款成數**，因為不是以長久自住為目的，所以貸款利息影響層面比較小，通常只會繳交兩年，並且在這兩年期間，若搭配房屋出租抵掉貸款利息，那貸款的成本更少。但成數高低就不一樣了。以一間房子，一千萬來說，若貸款八成，就要自備 200 萬，但若是爭取到貸款九成，就只要自備一百萬就好。這差距的 100 萬，剛好可以繼續用來作為投資下一戶房屋使用。

任何人都可以投資房地產的，只是規模有大有小。

以我個人來說，當有投資人來找，想委託我幫他

做房地產投資。我會問他兩個問題，第一，「自備款多少？」；第二，「每月收入多少？」

然後可以做個簡單計算：◎假定購買一間一千萬的房子，客戶的條件不錯，以我的專業能力，可以幫客戶爭取到 8.5 成～ 9 成的貸款。那麼客戶要如何才能符合銀行的條件呢？

【貸款金額】1,000 萬 X90% ＝ 900 萬

貸款利息以 2.2％計算，20 年期每 100 萬之本金＋利息應繳金額約為 5200 元，平均每月本息攤還金額約為：46,800。

這時我會問客戶：「第一自備款是否有 160 萬？」其中 100 萬，是買屋自備款；60 萬作為裝潢預備金＋支付各項雜支（包含契稅、仲介費）。

再來，我會問：「每月的收入是否有 72,000 ？」因為每月收入至少要保留三分之一作為生活費，其他的錢，要能負擔每月房貸繳款。

　　當然投資人可以主張，將來房子有出租的租金，但除非已經事先有人預約租屋，否則，未來尚未發生的事不能列入財力證明。

　　經過這樣的計算，若投資人符合條件，才可以投資一間賣價一千萬的房子。

　　假定投資人不符合條件，他的自備款，只有一百萬，雙薪家庭的月收入是八萬。那我會建議他買怎樣的房子呢？

　　100 萬自備款，扣掉預留的裝潢費，以及各項雜支，保留 50 萬元。若以九成貸款計算，那就只能買價格約 500 萬的標的囉！但若結合信貸，那還是可以買八百萬的房子。

　　計算如下：

　　800 萬 X90％＝ 720 萬（房屋貸款金額）

　　貸款利息以 2.2％計算，平均每月本息攤還金額約為 37440。

另以信貸方式借貸 50 萬的裝潢金，以七年期攤還，利率 4%計算，平均每月本息攤還約為 7,000。

那麼客戶只要自備款 90 萬。其中 80 萬，是買屋自備款；10 萬，是雜支的經費。

接著，然後每月只要繳款 45,000。

甚至若和銀行談判前兩年免繳本金，只繳利息，那每月支出只需——

15,000（房貸利息）＋ 7,000（信貸本息）＝ 22,000

如果透過房仲找到租屋客，就可讓每月的支出再減少。

兩年後，房屋漲價脫手，由於投資人是依照我們的建議買屋，所以當初他們以 800 萬買到的房屋，其實在該區的一般房價是 900 萬，現在這 800 萬的房子經過裝潢，並且經過兩年的市政發展，又漲價了，以桃園市未來的捷運規畫來說，當房屋賣出時，價格至少可以是 1,100 萬。

現在我們計算投資兩年的報酬：

【購屋成本】＝ 100 萬

【賣屋現金】＝ 1,100 萬－ 720 萬（因為前兩年只繳利息未繳本金，所以本金沒減少－ 45 萬（信貸還了兩年，本金約還剩 45 萬）＝ 335 萬。

【累積每月成本】

假定將房子出租，每月房租 12,000。

所以每月利息淨支出＝ 22,000 － 12,000 ＝ 10,000

兩年累計支出＝ 10,000×24 ＝ 240,000

【投資報酬】

賣屋現金－購屋成本－每月成本－房屋交易成本＝

335 萬－ 100 萬－ 24 萬－ 50 萬＝ 161 萬

也就是透過高貸款成數，當初投資人只準備了一百萬現金，然後交給專業投資人，兩年後就回收 335 萬，淨賺 161 萬。

我常奉勸年輕人不要仇富，不要整天抱怨抗議買不起房子。只要努力工作，讓自己月收入有三、四萬，一個雙薪家庭月入七八萬。那你就有能力就房屋投資，並且在很多的時間，賺進超過百萬。

　　前面舉的例子，是自備一百萬現金，但甚至自備五十萬也可以買屋，買個五百萬的房子投資，同樣兩年後也會賺到 50 到 100 萬的獲利的。

　　一般讀者比較好奇的，應該是我真的可以為客戶爭取到九成的房貸成數，並且還附帶爭取到信貸嗎？

　　其實，經營房地產投資這麼多年來，我所經手成交的房子已經有好幾千棟，因此也和銀行建立良好的互動管道。我每次貸款的時候，都會先投資人溝通好，做足準備工作，如此對銀行來說，中間經過了我這道把關，他們也比較可以安心，因此願意貸給我的客戶較高的成數。事實上，在許多情況下，若投資人的條件真的很好，銀行還可以全額貸款。

　　我之所以能成為桃園地區數一數二的房仲高手，優越的貸款談判能力，就是我最大的強項之一。讀者若想做房屋投資，貸款的最佳方案當然是找專業團隊。

　　若想自己貸款，那要特別加強以下的項目，只要能

讓這些項目分數漂亮，透過談判技巧還是可以取得高成數貸款。

取得高成數貸款的要件：

- **一定要有收入穩定的工作**。要有薪資轉帳或扣繳憑單殼證明才可以被認定；或者開公司，要有相關財報。

- **一定要有存款**。代表著你的自備款金額，也有人透過臨時借款，讓帳戶餘額比較漂亮，但有些銀行會要求比較嚴格，例如要看至少半年以上的存摺。

- **最好有良好的信用卡使用紀錄**。這是最奇怪的事，銀行是根據每個人的「信用分數」評估貸款額度，弔詭的是，一個不使用信用卡，且用錢很正常的人，比起一個有使用信用卡，且常刷卡消費，但每月餘額有繳清，後者反而評分比較高。

- **最好不要有負債**。包括其他房貸、信貸等，若有其他貸款，將會大幅占掉房屋貸款額度。

2高：一定要賣到相對高點！

投資房屋致富原則之三：「第二高：賣出價格高」。

如同各種投資工具的基本賺錢原則，投資房子致富也是一樣，那就是買低賣高。

問題在於，怎麼賣高？一個房子可以賣高，有四個關鍵原因：

①原本買的時候價位就偏低，因此賣出時就可以相對的變高。

②房子本身的價值提昇了，自然價格變高。所謂房子本身價值提昇了，主要原因只有一個，那就是經過裝修整理，當然還有其他可能，例如曾有大明星住過，在房內留下親筆簽名，或者有命相師鐵口直斷，將來住這房子的人一定會大發……等

等。但基本的增值原因，還是房子經過整理。

③由於大環境建設不斷的進行，房價也因此跟著水漲船高。

④經過專業銷售團隊的行銷，順利讓房子以更高的價格賣出。一定要由人專門專心的在銷售你的房子。

那我們要做到哪一項，來讓自己房子以更高的價格出售呢？答案是四項全都做到。不但這四項都要做到，而且包括一低四高裡的「一低」（買價低）和「一高」（高效率團隊），除了這兩點外，其他還要靠你自己以及大環境的配合。

要把房子賣高價，就是當房子買入後，一定要做好整理。但要怎麼整理才更有價值呢？

當我們購買一間比一般行情低一到兩成的房子，百分之九十九都需要再整理，有的屋況甚至看來很糟，如果是一般投資人自己去看屋，可能一進門轉身就走，只

有像我們這樣身經百戰的專業房屋投資人，可以看出這屋子有財富可挖。

常見的情況是，屋子本身可能漏水很嚴重。這種情況比較麻煩，但我們從事房屋投資已久的人，最喜歡這種狀況了（因為可以大力的殺價），而且我們早有長期配合的廠商，他們絕對可以依照專業，用頂多 5 到 20 萬的價格（視漏水狀況而定），將房子漏水情況全部治好。

另有一種情況，房子一進去，就看見髒亂不堪、蟑螂滿地爬。這種屋子，女生一看可能就立刻放棄，但我卻覺得是看到寶。因為房子太髒亂了，所以我要和屋主大力的殺價，實在太理所當然了，更且屋況那麼差，也可見屋主應該也很頭痛，不知如何整理，那我甚至可以低到比行情低 2 成以上的價格買到。

當房子買進後，這種不牽涉到房屋結構的問題，其實最好處理。把整個房子清空，垃圾也都丟掉，蟑螂就沒有藏身之地了。再加上基本的洗刷，不用花多少錢，就可以讓環境煥然一新。

我常在想，那些賣屋者為何不轉換個想法，其實他

們只要肯花點工夫，好比說蟑螂滿屋的，自己花兩三天好好整理，或者請清潔公司來，也頂多花個一兩萬，就可以讓房屋賣相大不同。那差價可以差到好幾十萬的。結果寧願便宜個1到2成賣給別人～真是奇怪……

我在裝修房子時，一般都是委託專業的配合久了的設計師，他會了解我的需求。房子的裝潢，則依不同情況而定。若當初買屋時，屋況較差，會需要較大的整理。即便如此，經費也不用多花超過原本預算的30萬。

而若原本屋況還不錯，則至少也要做整體大粉刷，基本經費十五萬跑不掉。這筆錢，絕對不能省。

但當然，尋找專業團隊來賣屋，是絕對必要的。這點單靠投資人本身，肯定是做不到。

如果想要自己找一般房仲來賣屋也可以，這裡要提醒，房仲有開發型和銷售型兩種，一定要將房子委託給銷售型才能賣高價。

什麼是開發型房仲？

基本上，開發型房仲的主要任務，是找房子。在立

場上，是偏向極度悲觀主義者，也因為充滿悲觀氣質，他們可以開發房子，邊開發邊和屋主說，趕快把房子賣掉吧！未來不看好，彷彿世界末日要到了，勸屋主快以低價脫手。

相反的，銷售型房仲就不是這樣，例如我本身就是極度樂觀主義者，我看好未來的市場，並且會將樂觀情緒感染給買方，通常我經手的房子，都可以賣到比一般行情要高的價格。

當你手中有房子要賣，當然要透過銷售型的房仲，才能賣到更好的價錢。

賣房子的另一個關鍵，就是要以量取勝。

所謂量，指的當然是房仲的數量。有越多房仲來幫你賣屋，找到好條件成交的機率就越高。我們每個人，在賣房子時，都可以委託給不同的仲介公司，傳統觀念以為，賣房子只能指定一家，這是錯誤的觀念。如果哪家房仲，一定要跟你簽專任銷售合約的，那就一定要在他已經擁有準買方的時候，再和他簽一個禮拜的專任約，

讓房仲去專心運作就好啦！否則的話，寧願不要找這家

房仲囉！

［3高：高報酬率的投資祕訣，時間是成為億萬富翁的關鍵］

投資房屋致富原則之四：「第三高：時間效能高」。投資房屋的一個重點，就是速度。

以長遠來看，投資房屋絕對是可以致富的，好比說，你在民國七十年在臺北市信義區買一間房子，當時房價可能只要兩三百萬，到了現在，那棟房子可能已經價值兩三千萬了。價格漲了十倍。然而，本書的關鍵，在於教你「快速」致富，以我本人來說，我靠著業務以及房屋投資，在短短兩年內，從資產是０變成了億萬富翁。

靠著投資如何致富呢？

關鍵在於投資報酬率。

任何的投資，只要符合一定的投報率，且表現穩健，經得起考驗，就是好的投資工具。

　　舉例來說，股票的投報率好嗎？一個投機客，可能今天以 100 元買進 10,000 股，在一個月後，股價上昇到 120 元全部賣出。他的投資金額 100,000 元，獲得報酬是 120,000 元，漲了 20%，他的投報率是 20%。

　　但他可以永遠如此嗎？半年後，一年後，兩年後，他的投資報酬率都是 20% 嗎？如果他真的做得到，那他可以被稱為股神了。事實上，那是非常有難度的。就連每次投資要賺錢都很難了，更何況要每次投資都賺 20%。

　　但正確的房地產投資卻一定可以做到 20% 的投報率。

　　假定，我有一筆資金，就以前面曾提過的例子來看：投入 100 萬，兩年內後獲利 160 萬，這不只是投報率 20%，而是投報率 1.6 倍，也就是 160% 了。若以一年來計算，大約每年也有 80%。

　　現在假定我們以保守的估計，不要賺那麼多。只賺 20% 就好。我們手中的基數是五個 100，每年投資五個標的。每個標的年投報率都是 20%。然後每年將賺來的

錢繼續投入，年復一年的投入資金，其產生的金額是很
令人驚訝的。

本金	第一年	第二年	第三年	第四年	第五年	第六年
100	120	144	173	208	250	300
100	120	144	173	208	250	300
100	120	144	173	208	250	300
100	120	144	173	208	250	300
100	120	144	173	208	250	300
500	600	720	865	1040	1250	1500

　　從表格中，我們可以看出，六年後，資產整整增加
三倍。

　　現在將100乘以一萬，也就是六年後資產有五百萬，
變成一千五百萬，而如果基數再變高，好比說，我投資
的基數是以千萬計，也就是投資金額五千萬，六年後變
一億五千萬。而我經手的其實不只五筆，我每年都在買
賣，隨時手頭上都有幾十間房子載運作，如此，讀者就
知道，我為何短短的時間，就可以從一無所有，又變回

億萬富翁了吧！

聰明的讀者，在看了上頁的表格後，或許會有一個疑問：手頭上有五百，為何一定要分成五個標的呢？如果全部的金額，投入一個五百的標的，六年後所得金額不也一樣是一千五百嗎？

關鍵就在於，槓桿效益。

同樣一個投資，若貸款成數越高，代表自備金越少，在賣出的金額相同的情況下，貸款越高者，投報率越高。

舉一個以現金買斷投資的例子：

如果你手中有一千萬，用現金去買一棟一千萬的房子，一年後，房子漲到一千兩百萬賣出，所支出成本約100萬（仲介費＋稅費＋代書費＋裝修＋雜支）

租金收入 20000×12 個月＝24 萬

售出金額 1200 －購屋款 1,000 萬－支出成本 100 萬＝獲利 100 萬

獲利 100 萬＋租金收入 24 萬＝124 萬

你的資金投報率是 124 萬 ÷（購屋款 1000 萬＋所出成本 100 萬）＝11％。

再舉一個以貸款九成為例：

自備屋款 100 萬，一年後房子也是以 1,200 萬賣出，所支出成本一樣約 100 萬（仲介費＋稅費＋代書費＋裝修＋雜支）

每月繳款利息 900 萬 $\times 2\% \div 12$ 個月＝ 1.5 萬 $\times 12$ 個月＝ 18 萬

租金收入 20000×12 個月＝ 24 萬

租金收入 24 萬－一年房貸繳息 18 萬＝ 6 萬

售出金額 1200 萬－購屋款 1,000 萬－支出成本 100 萬＝獲利 100 萬

獲利 100 萬＋租金收入 6 萬＝ 106 萬

你的資金投報率是 106 萬 $\div$（購屋款 100 萬＋所出成本 100 萬）＝ 53%。

如此讀者就可以看出什麼是有效率投資了。

所以，當投資人擁有一筆資金，我會建議，在每月貸款可以負擔的最大範圍內，分最多次的貸款買不同物件。

如果你有一筆 1000 萬的資金，並且你手中閒錢很

多，沒有資金壓力。那我會建議你購買 3 間價格都在
1000 萬左右的房子，並且貸款 8 成，實際自備款 600 萬，
也就是手中握有 1000 萬，卻買總價 3000 萬的房子。那
等賣出的時候，獲利更驚人。其餘 400 萬留在身邊，做
為裝修或繳貸款之用。

當然，一般人多半有資金壓力，無法負擔每月的貸
款金額，而且現在也有房屋限貸的問題。那我會建議，
一千萬至少分成兩筆投資，買兩間價值一千萬的房子。
依照規定，第一間房屋可以貸款八成，自備 200 萬；第
二間貸款六成，自備 400 萬。所以用 600 萬買兩間房子，
完全符合規定，銀行可以借貸。因為還有裝潢和雜支，
我們就留下 400 萬的資金運用吧！

甲屋：貸款 800 萬 × 4000（每百萬 30 年本利）＝月繳
32000-20000 租金＝每月負擔 12000 ＝ 14.4 萬／年
乙屋：貸款 600 萬 × 4000（每百萬 30 年本利）＝月繳
24000-20000 租金＝每月負擔 4000 ＝ 4.8 萬／年

如此，一個月入十萬的雙薪家庭月入就可以輕鬆負
擔。

假設一年後，兩間房子皆賣了一千兩百萬。投資報酬率計算如下：

甲屋投資收入＝房屋賣價 1200 萬－房屋買價 1000 萬－貸款支出 14.4 萬－支出成本 80 萬（稅費＋服務費＋雜支）＝獲利 105.6 萬

乙屋投資收入＝房屋賣價 1200 萬－房屋買價 1000 萬－貸款支出 4.8 萬－支出成本 80 ＝ 115.2 萬

共獲利 220.8 萬

資金投報率＝獲利 ÷ 資金

獲利 220.8÷（2 間拿出資金自備款 600 萬＋貸款及支出成本 179 萬）＝ 28%

如果當初直接用 1,000 萬買一棟房子，一年後以 1,200 萬賣出，帳面上來看，投報率＝獲利 200÷1,000 萬＝資金投報率約 20％，但因為還要扣掉裝潢費支出以及雜支等，實際上的投報率不到 20％。所以與其全部放在一個標的，還不如分成兩個標的。

關於效率投資，還有兩個重要的祕訣：

第一、善於用人脈，做理財投資。

　　投資房地產，若單靠一個人可能財力有限，並且在法律的規範上，一個人能夠購買的房子有限，理論上第一棟只能貸款八成，第二棟六成，第三棟五成，實務上，因為每個人的信用額度，除非本身有豐厚的財力做基礎，否則銀行不太會同意，一個人貸款買三間房子。

　　在這樣的情況下，一個人要做好投資理財，便有賴於合作關係。也就是在一切合法的前提下，我們可以和親朋好友合作，在每人名下只有一間房子的情況下，做多間房子的投資。

　　由於對每個人來說，這都是名下的第一間房子，因此都可以適用銀行最高的貸款成數。

　　另外，一般投資人，若手頭上資金不足，也可以兩人合資買房子。

　　或許有人會好奇，房子除了夫妻可以共同登記外，一般買屋不是只能登記在一個人名下嗎？兩人如何合買房子？

　　其實，可以打契約設定。

　　就是說，甲和乙，兩人都共同看好投資房屋的願景，

看準未來房子會增值，假定我們合買一間八百萬的房子，一人出資一百萬，貸款六百萬，自備款兩百萬。

這時，我們先去找代書，說好這間房子是掛在誰名下，假定是掛在甲的名下，但甲和乙間會簽定一個保障權益書，在上面做了預告登記，將房屋做設定，設定金額是一百五十萬，乙方是第一債權人，彼此約定，房子要賺五十萬（也就是漲五十萬）才要賣。等房子賣出後，利潤均分。

由於有做了預告登記，所以這房子雖然掛在甲方名下，他也不能自作主張賣出，他若想私底下賣出，由於房屋權狀已經註明乙方是第一債權人，所以他也一定要處理好乙方債權後，買方才會同意交易。

大部分這樣的投資，都是一方資金比較多，一方較少。對於資金比較多的人來說，合夥投資的最大好處就是，他可以透過合資享有更高額度的貸款，對於投資資金比較少的人說，享有的好處，就是即便資金少，也同樣可以享有投資房屋的利益。

第二，善於用時間穿插效應，來做長期規畫。

在現代，由於奢侈稅的規定，不能做太短期的投資。奢侈稅是消費稅的一種，是為了讓稅制符合社會公平原則，所設定的一種稅。在臺灣，由於過往以來有貧富不均的問題，因應民間的抗議聲浪，於民國一百年 4 月 15 日，《特種貨物及勞務稅條例》在立法院三讀通過，並於該年 6 月 1 日開始實施。

該稅法針對的對象，不僅是房屋，也包括所有 300 萬元以上的高價貨品如私人飛機、遊艇、汽車等，以及 50 萬元以上的高爾夫球證、俱樂部會員證等，均有課徵奢侈稅的規定。

其中影響房仲業最大的就是，非自用住宅如果在一年內轉手，則課徵 15％的奢侈稅；在一至兩年間轉手，則課徵 10％的奢侈稅。也就是說，當我們買了房子後，不能在兩年內脫手，否則就要被課以重稅。

所以基本上，房屋短期投資，並沒有犯法，只是負擔的成本變高了。

雖然如此，我還是建議，能夠放 2 年是最好的：除了沒有奢侈稅的限制，增值的獲利也會比較高喔！

4高：最有效率的經營模式是，
找到有效率的成功團隊，
加快致富

　　投資房屋致富原則之五：「第四高：加入高效率團隊」。單兵作戰的時代已經過去了。現在不管各行各業都講求團隊合作的綜效。

　　我自己的團隊，擁有我親自傳授的業務 Know-How，並且在我辛苦多年耕耘的市場上，繼續的開花結果。若客戶將房子委託給我們，那他不只找到一個業務，是同時有超過一百個業務在為他服務。

　　但我的團隊之所以優秀，不只在於我和業務夥伴們日以繼夜的勤奮工作。還在於我們非常重視人才的培育。

　　我本身是個還不錯的業務高手，但我在投資這一大

塊就花費了一半的時間（因為他可以快速致富）。至於培訓輔導這一部分就會比較沒時間一點。因此我在成立公司後，一直積極在找能力強的主管。除了可以勝任團隊管理任務的各分店店長，及各級中階主管外，我還在尋找了一個可以領導統御提振全員士氣的將軍。

因此，在 2014 年，透過理財周刊洪寶山社長的推薦，我找到了銷售天后張秀滿老師。

我的理念是：要學習就跟第一名的學習，要找合作夥伴也要找第一名的高手！於是，我就下定決心，要找到張老師加入我的團隊。

張秀滿，一位縱橫業務領域超過十五年的頂尖高手，曾多次受邀上電視分享經驗，她的傳奇事蹟，什麼東西到她手上都能很快的賣出去，包括捷運坐在旁邊的乘客、一起搭電梯的陌生人，乃至於向她開紅單的警察，都可以變成她的客戶。她將這些經驗寫就的書，也成為市場暢銷書。她充滿熱忱，有著無比的舞臺銷售魅力，受到來自各企業乃至海外的邀約，至今演講已經累積超過一

萬場以上。

就是這樣的人，我想要邀她加入團隊。

但，這不是件容易的事。

首先這樣的人一定很忙，我不容易找到她。再者，這樣優秀的人，一不缺錢二不缺名，她有什麼理由要加入我的公司呢？

我已設定目標，我還是要邀她加入團隊。靠的是什麼，靠的是我十二萬分的真誠。

由於沒有她的手機，我僅透過臉書和她留言。我的留言，我也不是寫很聳動的字眼，只是以誠懇的語氣，告訴她，我經營房屋仲界，為了讓整體團隊提昇，希望有機會和她見面，談一談這方面的合作。

但她的粉絲太多了，我直到留言第三次，才獲得她的回應。

很榮幸，後來獲得張秀滿老師的首肯，我們相約見了面，在會面時，我也誠懇告訴她，我雖擁有八家房仲公司，但我我能力及時間有限，在組織帶領上，我一直

在尋求更強的人，可以幫我訓練團隊。

令我很興奮的，張秀滿老師經過了一個月的考慮，終於同意加入我的團隊。現在擔任積富房屋的執行長。

積富房屋擁有高效率的團隊，這個團隊，本身也不斷的在成長。

公司最早的營運據點在桃園市新埔七街，那裡是我們的創業基地，成立於民國九十九年。之後第二家店，第三家店也都在新埔七街上。

直到民國 101 年，隨著公司營業額越來越大，我們搬遷到位於桃園市健行路的現址。在新埔七街的兩家店遷了過來，還保留第三家店在那邊。

值得一提的，積富房屋投資店面，也是依照我的房屋投資概念。

當初買店面時，健行路這一代還沒有很繁榮，我們看準商機，在這裡買兩間店面，並且以比行情低很多的價格買進。

如同我所說的，買屋的好處就是進可攻退可守，這

道理可以適用在各種房屋，包括住宅，包括商辦大樓，也包括店面。我們買了這兩個店面後，就純作為自用，我們的經營的據點就設在這裡。

但過了兩年，到了 103 年，這裡已逐漸繁榮起來了。房價也隨之高漲，已經比當初我們買的時候，漲了超過200％以上，此時我們就將這兩家店以高價賣出。但比較特別的是，這兩家店面，我們和新的屋主簽定保證租約，也就是我們告訴屋主，店面我們賣給你，但我們從原屋主的身分，變成承租人，買方當然非常高興，等於是保證賺到。他當然樂意。

這樣的交易帶來雙贏。

以積富來說，我們因為保證租約，因此更可以用更高價格將房子賣出。我們有多餘的資金可以運用，由於租金並不貴，每年成本也不高，我們賣屋轉投資的成本，絕對划算。

以買方來說，原本買到房子後還得花時間去找人租屋，現在一開始就解決這樣的問題，他也非常高興。

這也是我們團隊的經驗智慧。

之所以繼續承租店面，不買新店面。因為畢竟商辦場所，作為工作總部，不方便常常搬家。改以租屋形式，不影響原本的營運作業。

我們的團隊到了一百零四年初，已有超過兩百人。

每月處理的投資案件，大約五六十間，最多的時候，曾經同時有一百多間的房屋在做買賣。

以成長的速度看，我們從九十九年的一家，到了一〇二年已有八家。

我們的第一期目標，以 5 年後成長為五十家為目標，10 年後更要邁向 200 家。

以公司定位來說，我們和永慶、信義房屋等的最大不同，在於我們是第一家以「幫客戶投資房地產理財規畫」為目標的房仲連鎖企業。也因為我們持續培養深耕這一塊領域。因此，我們是一個最有能力幫投資人以房屋買賣賺錢的公司。

　　一低四高中的第四高，加入高效率團隊，我們就是典範。

　　你，想要快速成為億萬富翁嗎？

　　關鍵就是：掌握 1 低 4 高，就能讓你的財富快速的升高！

附錄：
有關房屋買賣的各項稅捐

房屋的買賣有幾個相關的稅，在此一一說明。

持有稅

＊房屋稅

只要是房子的所有人，在持有的期間，每年都需要繳納房屋稅。

房屋稅屬於地方稅，各縣市有不同規範。以桃園市為例，房屋稅課徵範圍為附著於土地之各種房屋及有關增加該房屋使用價值之建築物，課徵時間為每年五月一日，至五月三十一日。非自用住宅的課稅率，最低是1.2%，最高是 3.6%

＊地價稅

同樣是地方稅的一種，地價稅的課稅對象是土地所有權人或典權人、承領人、耕作權人。經指定負責代繳其使用部分地價稅之使用人。信託財產之受託人。

由於當我們購買房屋時，一定也包含一定坪數的土地，所以，擁有房子的人在持有期間，每年都需繳納地價稅。

以桃園市為例，地價稅的稅基比較複雜，依不同地目而不同，例如地價總額者，超過桃園市土地累進起點地價者，課徵 10 ／ 1000，地價總額超過累進起點地者 20 倍以上者，就其超過部分，課徵 55 ／ 1000。

移轉稅

＊土地增值稅

已規定地價之土地，於土地所有權移轉或設定典權時，按其土地漲價總數額徵收或預徵土地增值稅，簡單講，就是當我們做房屋買賣時，由於交易中一定也包含了土地的部分，所以會被課土地增值稅。

課稅對象有五種：

①有償移轉者，為原土地所有權人；

②贈與之受贈人；

③設定典權之出典人；

④單獨申報案件，由權利人代繳；

⑤信託土地移轉，為受託人或歸屬權利人。

在土地買賣，出典、交換、贈與、分割契約成立之日起 30 日內申報。

＊契稅

不動產之買賣，承典、交換、贈與、分割或因占有而取得所有權者，均應申報繳納契稅，但在開徵土地增值稅區域之土地，免徵契稅。不動產買賣，承典、交換、贈與、分割契約成立之日起或因占有而依法申請為所有人之日起 30 日內申報。

以上四種稅中，房屋稅和土地稅為財產持有稅，只要手中握有房地產就需繳納。

　　土地增值稅和契稅是屬於移轉稅，就是當房屋有買賣行為，甲將房子轉給乙，就是要付這兩種稅。

　　目前，還有兩個對我們交易房屋有重大影響的稅：

一、奢侈稅：

　　針對在兩年內買賣的房屋課予重稅。其中一年內賣出者課 15%，兩年內賣出者課 10%。

二、財產交易所得稅：

　　一旦賣掉房子要申報財產交易所得稅，目前，政府預計在 2015 年要實施房地合一課稅，以後就以此取代原本併入綜合所得稅的方式。

　　房地合一的概念是：你賺的錢是屬於資本利得，是以獲利的概念來計算。例如，五百萬的房子以六百萬賣出，那就代表賺了一百萬，但課稅還要計算成本，所以，雖然是賺一百萬，但要呈報六十萬的成本（但必須要有發票才可列入成本喔，沒開發票就不算），那麼繳稅的稅基就是四十萬。至於稅基分離的方式是：假設賺一百萬，年底扣二十%，就是賺一百萬，繳給二十萬的稅，跟綜合所得稅很類似。

從零開始賺一億：
呂原富教你看準時機，錢進房市，資產大翻身！

作　　者／呂原富
出版總紀人／廖翊君
文字整理／廖翊君文字團隊 蔡明憲
封面設計／申朗創意
企畫選書人／賈俊國

總 編 輯／賈俊國
副總編輯／蘇士尹
行銷企畫／張莉滎・廖可筠

發 行 人／何飛鵬
出　　版／布克文化出版事業部
　　　　　臺北市中山區民生東路二段 141 號 8 樓
　　　　　電話：(02)2500-7008 傳真：(02)2502-7676
　　　　　Email：sbooker.service@cite.com.tw
發　　行／英屬蓋曼群島商家庭傳媒股份有限公司城邦分公司
　　　　　臺北市中山區民生東路二段 141 號 2 樓
　　　　　書虫客服服務專線：(02)2500-7718；2500-7719
　　　　　24 小時傳真專線：(02)2500-1990；2500-1991
　　　　　劃撥帳號：19863813；戶名：書虫股份有限公司
　　　　　讀者服務信箱：service@readingclub.com.tw
香港發行所／城邦（香港）出版集團有限公司
　　　　　香港灣仔駱克道 193 號東超商業中心 1 樓
　　　　　電話：+86-2508-6231 傳真：+86-2578-9337
　　　　　Email：hkcite@biznetvigator.com
馬新發行所／城邦（馬新）出版集團 Cit　 (M) Sdn. Bhd.
　　　　　41, Jalan Radin Anum, Bandar Baru Sri Petaling,
　　　　　57000 Kuala Lumpur, Malaysia
　　　　　電話：+603- 9057-8822 傳真：+603- 9057-6622
　　　　　Email：cite@cite.com.my
印　　刷／卡樂彩色製版印刷有限公司
初　　版／2015 年（民 104）04 月
初版13刷／2021 年（民 110）03 月 29 日
售　　價／280 元

城邦讀書花園　布克文化
www.cite.com.tw　WWW.SBOOKER.COM.TW